FAIRE DU DROIT SON MÉTIER

Antoine TEILLET et Yves PARIOT

SOMMAIRE

PARTIE II

PARTIE I

LE DROIT EN FRANCE

« L'omniprésence du droit, signe de bonne santé pour une démocratie. »

Chaque année, environ 40 000 étudiants commencent un parcours en droit et sciences politiques. On compte par ailleurs 150 000 professionnels dans ce domaine, et davantage encore si l'on prend en compte les divers métiers usant du droit au quotidien sans être rattachés proprement à l'activité. Des statistiques moins impressionnantes que celles de l'industrie, de l'agriculture ou des grands secteurs tertiaires, mais qui ne doivent pourtant pas faire oublier un point capital : le droit influe sur toute notre société. Strict domaine judiciaire, fiscalité, monde des affaires, il est difficile d'échapper à la force du cadre juridique, et finalement, ce constat est plutôt rassurant. Comme l'explique Roland Kessous, avocat général honoraire à la Cour de cassation interviewé plus loin dans cet ouvrage, *« l'omniprésence du droit est un signe de bonne santé pour une démocratie. Les pays où cet aspect est le moins développé sont les dictatures. »*

Très présent en tant que discipline, socle sur lequel repose notre société – le pouvoir judiciaire n'est-il pas l'un des pouvoirs fondamentaux de notre démocratie ? –, le droit représente la possibilité pour n'importe lequel d'entre nous d'appuyer son activité voire sa vie sur quelques règles plus – ou moins – clairement édictées. Il est aussi pour les étudiants qui l'adoptent une école du raisonnement et de la méthode. Ce n'est pas pour rien que certains pays, notamment anglo-saxons, ont fait du droit la base de leurs formations supérieures. Etudier cette discipline, c'est non seulement se former aux règles et aux commandements qui régissent nos civilisations, c'est aussi apprendre à réfléchir, à argumenter et à décider. Des compétences indispensables aux magistrats et autres juristes et plus généralement à n'importe quel univers professionnel et personnel.

Juges, avocats, policiers, juristes d'entreprise, huissiers, personnel pénitentiaire…

Un moment de réflexion permet de s'en rendre compte, et vous le constaterez également en parcourant ce guide : les environnements de travail et les statuts sous lesquels les professionnels du droit évoluent sont des plus variés. Entreprises, petites, mais surtout moyennes et grandes, cabinets de conseil, avocats exerçant en libéral en cabinets ou de manière indépendante, magistrats et autres greffiers au service de l'Etat, policiers et gendarmes… Peu de sphères économiques et professionnelles demeurent hors du droit.

De longues études… et beaucoup de motivation !

A ces réalités professionnelles si variables, il est tout de même possible de trouver quelques points communs. Et tout d'abord une formation la plupart du temps relativement longue. Juriste, avocat, magistrat, le tarif est le même, à savoir quatre années d'études supérieures minimum et souvent beaucoup plus, le bac +5 étant un prérequis de plus en plus systématique. Parcours généralistes ou masters de droit plus spécialisés, suivis bien souvent d'une école spécifique comparable à une école d'application, formation en Institut d'études politiques… Rejoindre le droit demande donc de la patience et beaucoup de persévérance. En un mot, beaucoup de motivation. Pas de syndrome du surdiplômé dans le monde du droit !

Autres qualités évidentes à maîtriser : le sang-froid, la probité et de l'empathie avec un public parfois difficile et des contextes sociaux sensibles. Certaines situations juridiques et économiques peuvent également s'avérer des plus complexes. « *Ce métier peut générer beaucoup de stress,* confirme Catherine Percereau, juriste à DCNS. *Certaines négociations de contrats peuvent en effet vous placer face à des partenaires difficiles qui vont imposer une grosse pression pour faire passer un maximum de leurs conditions. Il faut alors être capable de mener des discussions à la fois très longues et très techniques, avec de nombreuses nuits blanches à la clé.* » Nerfs solides, psychologie et résistance physique sont donc d'autres critères essentiels ! Dernier point, n'oubliez pas les langues. Dans le droit comme partout ailleurs, la pratique s'internationalise.

LES CHIFFRES CLÉS DE LA JUSTICE EN FRANCE

En France, la justice française disposait en 2016 d'un budget de 8,19 milliards d'euros. Dans le détail, la France compte presque 64 000 avocats mais aussi 16 000 juristes d'entreprise, 9 240 greffiers, 8 200 magistrats, 3 294 huissiers de justice ou encore environ 3 000 conseillers d'insertion et de probation, et 413 commissaires-priseurs judiciaires.
Au total, la Mission Justice – magistrats de l'ordre judiciaire, les personnels d'encadrement, les métiers du greffe, de l'insertion et de l'éducatif, les administratifs et techniques, les personnels de surveillance – regroupait, en 2016, près de 81 000 personnes, plus 2 000 par rapport à 2015.
En matière d'ordre judiciaire, notre pays compte une Cour de cassation, 36 cours d'appel, un tribunal supérieur d'appel, 164 tribunaux de grande instance, 4 tribunaux de première instance, 155 tribunaux pour enfants, 114 tribunaux des affaires de Sécurité sociale, 307 tribunaux d'instance et tribunaux de police, 210 conseils de prud'hommes, 6 tribunaux du travail et 134 tribunaux de commerce et TPIcc. Côté juridictions administratives, comptez un Conseil d'Etat, 8 cours administratives d'appel et 42 tribunaux administratifs.
En 2015, ont été prononcées 2,67 millions de décisions en matière civile et commerciale, et 229 000 affaires ont été réglées par les juridictions administratives. La justice pénale a rendu, par ailleurs, plus de 1,2 million de décisions en matière pénale et traité 1,260 million d'affaires poursuivables. 1,1 million a effectivement donné lieu à des poursuites ou une procédure alternative ou composition pénale. Un peu plus d'un million de condamnations et compositions pénales ont été prononcées dont 2 381 crimes, près de 600 000 délits et environ 402 000 contraventions. 165 000 affaires ont d'autre part concerné des mineurs.
La France compte 187 établissements pénitentiaires pour 58 561 places et 76 600 personnes écrouées.

Source : ministère de la Justice.

Des débouchés inégaux en fonction des métiers...

Aujourd'hui, si les débouchés sont nombreux dans le droit, sachez tout de même qu'un certain nombre de professions juridiques sont soumises au *numerus clausus* fixé par l'Etat. Leur accès est donc limité en fonction d'un nombre volontairement limité de pratiquants ou d'officines, l'Etat ou l'administration de tutelle de chaque métier étant les seuls décideurs de la plus ou moins grande ouverture aux candidatures. Exemple flagrant de cet arbitraire qui évolue en fonction des contextes ou encore des pyramides des âges, le triplement récent du nombre des places ouvertes à l'Ecole nationale de la magistrature, laquelle est passée ces toutes dernières années de 100 à 282 places ouvertes chaque année, sur décision du ministère de la Justice.

Nombre de professionnels doivent par ailleurs acheter une étude avant de pouvoir débuter une activité. Et si d'autres domaines, tels que les cabinets d'avocats ou encore le droit en entreprise, semblent moins fermés comme le montrent des effectifs en nette progression (+40 % du nombre d'avocats en dix ans) seuls les meilleurs et les plus motivés pourront trouver leur place. Avec la complexification constante des législations française et internationale, les activités portées sur le droit social ou encore le droit fiscal et le droit des contrats internationaux sont néanmoins prometteuses. Les entreprises ont toujours besoin d'experts, profitez-en !

À NOTER

Selon une étude de l'Association française des juristes d'entreprise (AFJE), on dénombre en France 57 % de femmes parmi les juristes d'entreprise, 52 % ayant entre 30 et 40 ans. 85 % se trouvent titulaires d'un diplôme de troisième cycle au minimum, les doubles formations de type CAPA ou diplôme étranger étant par ailleurs fréquentes.
91 % exercent en CDI et 72 % évoluent en région parisienne. 60 % travaillent enfin dans une grande entreprise.

1| LE SYSTÈME JUDICIAIRE FRANÇAIS

La Justice française repose largement sur les acquis institutionnels de la Révolution et de l'époque napoléonienne. Ainsi doit-on à ces quelques années la séparation entre les deux ordres de juridictions, administratif et judiciaire, la distinction entre juridictions civiles et pénales, la création du droit d'appel, ou encore l'égalité et la gratuité de la justice. C'est également à cette période que fut créée la Cour de cassation – dont le rôle a ensuite largement évolué. Ne pas oublier le code civil, le code de procédure civile ou encore le code pénal qui poseront les bases du droit actuel tout en se trouvant adaptés régulièrement aux évolutions sociales.

A la tête du ministère de la Justice, le garde des Sceaux et le Secrétariat général

A la tête de la justice française se trouve le ministre de la Justice, autrement appelé **garde des Sceaux**. A la tête de son ministère que l'on dénomme aussi Chancellerie, il définit les grands axes de la politique publique, prépare les projets de loi et les règlements, s'occupe de la prise en charge des populations qui lui sont confiées par l'autorité judiciaire ou encore gère les moyens dédiés à la justice.
Garant de la bonne marche de la justice et de son administration, il décide des réformes à mener. Il veille aussi à la cohérence de l'action des différents parquets. Il est enfin chargé de nommer les officiers ministériels que sont les huissiers de justice et autres notaires et avoués.

L'inspection générale des services judiciaires

Elle est chargée de l'inspection des juridictions de l'ordre judiciaire – hormis la Cour de cassation – et de l'ensemble des services et structures relevant du ministère de la Justice. A ce titre, l'inspecteur général des services judiciaires peut, entre autres, mener des enquêtes administratives à propos du comportement de magistrats ou fonctionnaires. Il peut aussi apprécier la nécessité ou la faisabilité d'une réforme conduite par ou en lien avec le ministère de la Justice. A lui enfin une mission d'audit interne comptable de toutes les directions et services centraux et déconcentrés du ministère et des juridictions de l'ordre judiciaire.

Au sein du ministère se trouve le **Secrétariat général,** lequel est organisé en cinq grands services ou directions. Chargé de la stratégie de modernisation du ministère et de la gestion des aspects économiques et financiers des réformes, il assure aussi un rôle de programmation budgétaire et de gestion des personnels pour ces départements ; il peut également conduire en lien avec ces mêmes directions les actions de communication de la Chancellerie.
Deux missions supplémentaires et importantes : l'accès des citoyens au droit et à la justice et l'aide aux victimes ainsi que le secteur des affaires européennes et internationales.

Les cinq directions du Secrétariat général sont les suivantes.

La direction des services judiciaires

A cette direction incombent l'organisation et le fonctionnement des juridictions judiciaires. Elle participe à la rédaction des textes, elle donne par ailleurs son avis sur tout projet législatif ou réglementaire pouvant la concerner.
Elle peut aussi assurer le recrutement et la gestion administrative des magistrats, des juges de proximité ainsi que des fonctionnaires et agents des services judiciaires. A elle également d'instruire les dossiers disciplinaires des magistrats.

La direction des affaires civiles et du Sceau

La DACS se charge de la justice civile et commerciale. Elle va élaborer les textes concernant ces domaines, à elle également la tutelle des

grandes professions judiciaires et juridiques telles que les avocats, les huissiers ou encore les notaires.
Elle joue aussi un rôle à l'échelle européenne en assurant la transposition et l'application des dispositions communautaires et des conventions internationales dans les domaines relevant de sa compétence. Elle contribue en outre à la mise en place de l'Europe judiciaire.

La direction des affaires criminelles et des grâces

Chargée de la justice pénale, la DACG contribue à la rédaction des textes traitant des infractions, des règles de poursuite, de jugement et d'exécution des décisions. Elle veille aussi à leur application.
Sous l'autorité du ministre de la Justice, cette direction définit la politique pénale et veille à sa mise en œuvre. Elle anime et coordonne l'exercice de l'action publique. A elle également d'instruire les demandes de grâce adressées au président de la République.

La direction de l'administration pénitentiaire

La DAP se charge de l'exécution des peines et de la réinsertion des détenus. Rédaction des textes réglementaires, exécution des décisions et sentences pénales, autant de tâches auxquelles elle participe. Elle doit aussi assurer la surveillance des détenus et la bonne application des règles de détention. Elle aide enfin à la réinsertion.

La direction de la protection judiciaire de la jeunesse

Cette direction également appelée DPJJ est compétente pour tout ce qui relève de la justice des mineurs. Partie prenante dans la rédaction des textes réglementaires, elle peut en outre assister les magistrats dans leurs prises de décision et la mise en œuvre de ces décisions. Elle assure enfin le suivi des mineurs détenus et veille ainsi au quotidien à l'éducation et à l'insertion sociale, scolaire et professionnelle des jeunes suivis par la justice pénale ou civile.

Organigramme de la Chancellerie

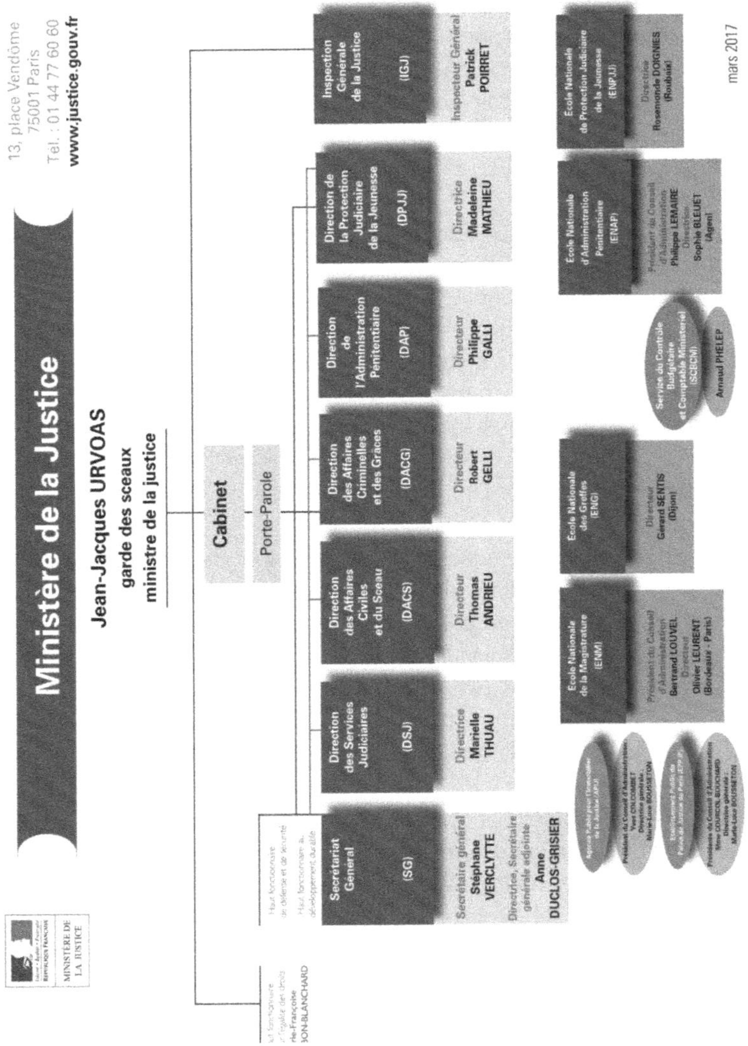

Source : ministère de la Justice

Deux grandes juridictions : judiciaire et administrative

Chaque litige possède une juridiction bien définie. Les juridictions de l'ordre judiciaire s'occupent des litiges opposant les personnes privées et sanctionnant les infractions aux lois pénales. Alors que les juridictions administratives vont intervenir lorsqu'une personne privée va s'opposer à l'Etat ou à tout organisme relevant de l'Etat – collectivité territoriale, etc. – ou tout organisme privé chargé d'une mission de service public.

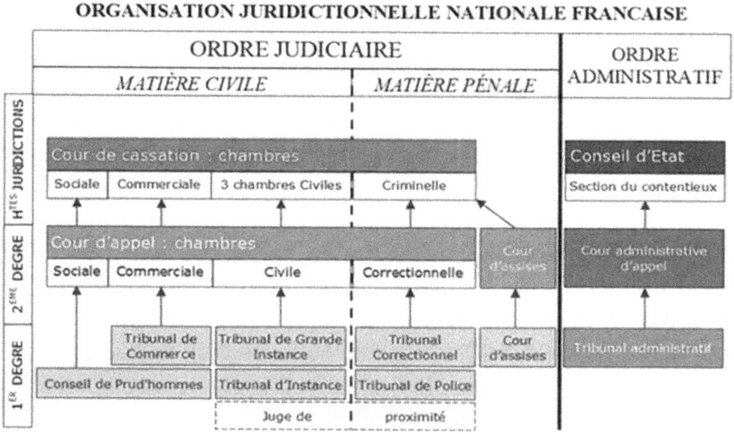

Source : objectif-justice.fr

2| L'ORDRE JUDICIAIRE

On y trouve les juridictions de premier degré, les juridictions d'appel et la Cour de cassation.

Dans le détail, la France dispose d'une Cour de cassation, 36 cours d'appel, un tribunal supérieur d'appel, 164 tribunaux de grande instance, 4 tribunaux de première instance, 155 tribunaux pour enfants, 114 tribunaux des affaires de Sécurité sociale, 307 tribunaux d'instance et de police, ou encore 210 conseils de prud'hommes.

Les juridictions de premier degré

Au premier degré, se trouvent les juridictions civiles et les juridictions pénales.

Les juridictions civiles

La **justice civile** tranche les conflits entre personnes privées. Il peut s'agir de contentieux familiaux nés à l'occasion d'un mariage, divorce, décès ou nés de l'éducation des enfants. Elle gère également les problèmes relatifs à la propriété, aux dettes non régularisées ou encore aux contrats mal exécutés. La justice civile tranche aussi les difficultés nées dans le cadre des relations de travail ou de relations commerciales.

• Le **tribunal de grande instance** tranche les litiges entre personnes privées, physiques ou morales ne relevant d'aucune autre juridiction civile particulière, et les litiges civils concernant des demandes supérieures à 10 000 euros. Il a par ailleurs compétence exclusive dans de nombreux cas : état des personnes, droit immobilier ou encore les brevets d'invention et le droit des marques.

• Le **tribunal d'instance** juge toutes les affaires civiles dont les demandes sont inférieures à 10 000 euros (litiges liés aux accidents de la circulation, travaux mal effectués, livraisons non conformes, etc.).

Il intervient aussi quel que soit le montant de la demande dans les cas de litiges entre propriétaires et locataires ou encore en cas de contestation d'élections politiques (établissement des listes électorales) et élections professionnelles en entreprise. Il est par ailleurs compétent en matière de tutelle.
Certains tribunaux d'instance peuvent également recevoir les déclarations d'acquisition de la nationalité française et délivrer les certificats de nationalité française.

• Le **tribunal de commerce** règle les différends entre particuliers et commerçants ou entre commerçants et sociétés commerciales. Il intervient aussi sur les conflits en matière d'actes de commerce entre entreprises ou entre personnes. Il peut enfin se trouver aux côtés des entreprises commerciales et artisanales en cas de difficultés économiques.

• Le **conseil des prud'hommes** s'occupe pour sa part de litiges entre salariés ou apprentis et employeurs. Lorsqu'il est saisi d'un problème, ce conseil tente généralement une conciliation avant de rendre un jugement si nécessaire. Il est composé de membres élus, à égalité entre employeurs et salariés.

Les juridictions pénales

Elles jugent les infractions. A savoir les **contraventions,** les **délits**, et les **crimes**. Une procédure pénale consiste en une demande de réparation émise par la société (représentée par le procureur) à l'encontre d'une personne inculpée.

• Partie prenante du tribunal d'instance, le **tribunal de police** juge les contraventions, c'est-à-dire les infractions pénales les moins graves, tapage nocturne, blessures légères, infractions au code de la route...

• Le **tribunal correctionnel** est une chambre du tribunal de grande instance. Il juge les délits (vol, coups et blessures graves). Il peut prononcer jusqu'à dix ans d'emprisonnement, vingt ans si récidive. Il peut aussi proposer des peines alternatives de type sursis, travaux d'intérêt général, etc. Il peut d'autre part infliger des amendes et autres peines complémentaires.

• La **Cour d'assises** juge les crimes et les tentatives et complicités de crimes (meurtres, viols, vol à main armée...). Elle ne siège pas en permanence, elle se réunit en général plusieurs semaines d'affilée chaque trimestre.
Il existe une Cour d'assises par département composée de trois juges professionnels et d'un jury de neuf citoyens tirés au sort. Il existe aussi des Cours d'assises « spéciales » sans jury. C'est le cas pour les crimes liés au terrorisme ou au trafic de stupéfiants.

La cour d'appel

Elle se compose uniquement de magistrats professionnels et réexamine des affaires déjà jugées en matière **civile, commerciale, sociale** ou **pénale**. Elle vérifie d'éventuelles erreurs de droit, elle examine les différents éléments de l'affaire et peut ensuite soit confirmer la décision rendue en premier lieu, soit la modifier.

La Cour de cassation

Il s'agit de la plus haute juridiction de l'ordre judiciaire qui siège à Paris et exerce sa compétence sur tout le territoire français.
Les magistrats qui la composent vérifient la conformité des décisions précédemment rendues par rapport aux règles de droit mais ne reviennent pas sur les faits. Cette cour est saisie sur recours, on parle de « pourvoi en cassation ». Une décision de justice précédente peut être « cassée » si l'on estime qu'elle n'a pas été prise conformément aux règles de droit. Elle sera alors rejugée.

LES MINEURS : UNE JUSTICE PÉNALE ET CIVILE PARTICULIÈRE

La justice des mineurs s'occupe des mineurs en difficulté ou en danger, mais aussi des mineurs auteurs d'actes de délinquance. Le juge des enfants est compétent pour prendre la décision judiciaire.

Chaque année, la justice prend en charge plus de 380 000 mineurs, dont 210 000 environ par le civil. 170 000 sont pris en charge par les services de la Protection judiciaire de la jeunesse, 92 000 dans le cadre pénal.

LES MAGISTRATS DU SIÈGE ET LES MAGISTRATS DU PARQUET

Les magistrats de l'ordre judiciaire se répartissent en deux catégories. Les *magistrats du siège* sont des juges, qu'ils soient premier président de la Cour de cassation, juge du tribunal de grande instance…, ils rendent les décisions de justice selon le droit.
Les *magistrats du parquet* sont les représentants du « ministère public » : procureur général, procureur de la République ou encore substitut. Ils reçoivent les plaintes et décident des suites à donner tout en dirigeant l'action de la police. Ils veillent aussi à l'exécution des peines.
Il existe enfin un *conseil supérieur de la magistrature* (CSM) composé de magistrats et de diverses personnalités. Il participe à la nomination des magistrats et assure la discipline de ce corps.

3| L'ORDRE ADMINISTRATIF

Il existe trois grands échelons : les tribunaux administratifs, les cours administratives d'appel et le Conseil d'Etat.

Le tribunal administratif

Il juge les contestations aux actes et décisions des administrations, hors affaires particulières et ou relevant de juridictions spécifiques.
Ainsi peut-il intervenir sur des actions engagées contre un conseil régional ou une commune, voire des services publics administratifs. Il juge aussi les conflits sur contrats administratifs comme des marchés de travaux publics par exemple. Il juge également les contentieux en matière d'impôts directs, élections municipales et cantonales ou encore police des étrangers.

La cour administrative d'appel

Elle examine les appels des décisions du tribunal administratif.

Le Conseil d'Etat

Le Conseil d'Etat est enfin le juge d'appel pour les recours contre certaines décisions de tribunaux administratifs. Autres cas : les recours dirigés contre les cours administratives d'appel. Il intervient aussi sur des cas plus particuliers et souvent importants comme des demandes d'annulation contre un décret du président de la République ou du Premier ministre ou contre les actes de ministres.
Le Conseil d'Etat est la plus haute juridiction de l'ordre administratif. Il peut aussi conseiller le gouvernement sur des projets de loi et projets de décrets importants.

PARTIE II

LES GRANDS MÉTIERS

Les métiers de la justice peuvent, si l'on simplifie, se répartir en trois grandes « familles ».
A leur tête, les magistrats, aidés par les greffiers, siègent au tribunal d'instance ou à la Cour d'assises. Agents de l'Etat, ils suivent une formation spécifique en école (Ecole nationale de la magistrature, Ecole nationale d'administration pénitentiaire pour les personnels et responsables d'établissements pénitentiaires, etc.).
A leurs côtés se trouvent les auxiliaires de la justice : avocats, notaires ou encore huissiers. Leur profession est dite « réglementée » mais ils évoluent en libéral et sont rémunérés par leurs clients. Certains, plus rares, peuvent être salariés.
Il ne faut pas oublier les juristes d'entreprise chargés de rédiger divers contrats en fonction des législations en vigueur dans divers domaines comme le droit des affaires ou encore le droit fiscal. Ce secteur est très attractif car les entreprises ont de plus en plus besoin de compétences juridiques.

LES RÉMUNÉRATIONS DES MÉTIERS DE LA JUSTICE

Chiffres du ministère de la Justice 2007 (début et fin de carrière)

Magistrat	2 659 euros – 8 000 euros
Greffier en chef	1 800 euros (stagiaire) – 4 500 euros
Greffier	1 500 euros (stagiaire) – 2 500 euros
Directeur des services pénitentiaires (hors indemnités)	2 117 euros – 4 531 euros
Educateur de la protection judiciaire de la jeunesse	1 680 euros – 2 880 euros
Assistant de justice	500 euros – 500 euros

LES RÉMUNÉRATIONS DES MÉTIERS DE LA JUSTICE *(SUITE)*

Chiffres de l'étude de rémunération Hays des métiers juridiques 2017 (zéro à trois ans, puis au-delà de huit ans d'expérience)

Juristes d'entreprise

Juriste droit des affaires	30/37 kilos euros - 60/85 kilos euros
Juriste droit des sociétés	31/37 kilos euros - 60/85 kilos euros
Juriste droit immobilier/ construction/urbaniste	30/37 kilos euros - 60/70 kilos euros
Juriste droit bancaire/ recouvrement	32/38 kilos euros - 70/100 kilos euros
Juriste droit public	28/37 kilos euros - 50-65 kilos euros
Juriste droit des assurances	28/38 kilos euros - 50/70 kilos euros
Juriste contrats internationaux	32/40 kilos euros - 68/90 kilos euros
Juriste droit social	30/40 kilos euros - 60/80 kilos euros
Juriste fiscaliste	33/42 kilos euros - 80/130 kilos euros

Cabinets d'avocat
(chiffres Hays 2014)

Droit bancaire	45/90 kilos euros - 130/170 kilos euros
Droit des affaires	38/76 kilos euros - 130/170 kilos euros
Droit de la propriété intellectuelle	37/60 kilos euros - 95/130 kilos euros
Droit public	36/57 kilos euros - 98/120 kilos euros

1| ADMINISTRATEUR JUDICIAIRE

L'administrateur judiciaire intervient auprès d'une société lorsque celle-ci est aux prises avec de graves problèmes financiers. Son but : trouver la meilleure des solutions avec les chefs de l'entreprise, pour maintenir l'activité ou parvenir au dépôt de bilan dans les conditions les moins difficiles possible.
Exerçant en libéral au sein d'un cabinet, l'administrateur va mobiliser ses connaissances pour dresser un état des lieux de l'entreprise auprès de laquelle il intervient avant d'épauler son dirigeant, voire de le remplacer, pour sauvegarder l'entreprise en difficulté et soumettre – voire plaider – son projet au tribunal de commerce. Il pourra par ailleurs discuter endettement avec les banques, ou encore s'occuper de toutes les formalités de cession de l'entreprise, voire en cas extrême, de sa liquidation.
S'il n'a pas la pleine gestion de l'entreprise pendant son intervention, il peut néanmoins dans certains cas en prendre véritablement les commandes.

Formation

Il faut disposer d'un master 1 de droit, économie ou gestion. Le diplôme supérieur d'études comptables ou le diplôme d'expertise comptable sont également indispensables. Suivront trois années de stage et l'examen final. Dans les faits, de nombreux professionnels sont également diplômés d'école de commerce.

2| ADMINISTRATEUR TERRITORIAL

Haut fonctionnaire de la fonction publique territoriale, ce responsable évolue dans les services des communes de plus de 80 000 habitants, d'un conseil général, d'un conseil régional voire des offices HLM et autres centres communaux d'action sociale. Cadre supérieur occupant l'emploi de la filière administrative le plus élevé au sein de la fonction publique territoriale, il doit préparer et veiller à l'action des politiques décidées par les autorités mais aussi assurer l'encadrement des personnels et la gestion des budgets. Principal collaborateur des élus, il peut occuper de nombreux postes : directeur de la formation professionnelle d'une région, DRH ou encore directeur du service juridique, et intervenir dans des domaines aussi variés que le développement économique et culturel, les services administratifs, financiers ou encore sanitaires.
L'administrateur territorial est capable d'initiatives dans tous les domaines ; il peut d'autre part largement évoluer en termes de responsabilités au cours de sa carrière, entre différents métiers, différentes structures, voire différentes fonctions publiques...

Formation

Il est nécessaire d'être titulaire d'un diplôme de niveau II : licence ou équivalent. L'accès à l'emploi des administrateurs territoriaux s'effectue à travers deux voies : par le concours qu'organise le Centre national de la fonction publique territoriale (CNFPT) et par la promotion interne après examen professionnel.

3| AMBASSADEUR (DIPLOMATE)

La France compte environ 1 600 diplomates et plus de 160 ambassades dans le monde. Désigné par le président de la République, l'ambassadeur est la vitrine de l'Etat à l'étranger. La taille de son équipe pouvant bien sûr varier en fonction de la destination, d'une petite poignée de collaborateurs à quelques dizaines de personnes réparties sur plusieurs sites dans le pays d'accueil.
L'ambassadeur et les diplomates sont en contact permanent avec les autorités du pays, ils aident à la promotion – économique, scientifique ou encore culturelle – de leur pays. Ils facilitent par ailleurs la vie des ressortissants en délivrant visas et autres autorisations administratives. L'ambassadeur scrute également la vie politique, économique et sociale du pays où il réside avant de rapporter à Paris.
Ces fonctionnaires restent en général trois ans dans le même pays avant de partir vers une autre destination. Auparavant, ils auront travaillé quelques années au ministère des Affaires étrangères. Attention, beaucoup de diplomates travaillent depuis la France, dans les services administratifs centraux.

Formation

Pour se présenter au concours externe de secrétaires des affaires étrangères, il faut au moins disposer d'une licence et passer les concours de conseiller ou de secrétaire des affaires étrangères. Dans les faits, les futurs diplomates sont bien souvent titulaires d'un diplôme d'études politiques. Plusieurs années de carrière en tant que diplomate sont nécessaires avant de prétendre devenir ambassadeur.

4| ASSISTANT DE JUSTICE

L'assistant de justice aide le magistrat du siège, du parquet et de la Cour de cassation dans son travail quotidien en prenant en charge un certain nombre de travaux préparatoires. Recherche de documentation et de jurisprudence, rédaction de notes de synthèse, leurs tâches sont essentiellement opérationnelles. Ils ne disposent d'aucun pouvoir juridictionnel.
Chaque assistant se trouve recruté pour deux ans, un contrat renouvelable deux fois au maximum. Il s'agit d'une fonction obligatoirement à temps partiel, rémunérée environ 500 euros nets mensuels.

Formation

Master 1 ou master 2 en droit. A noter que chaque cour gère son propre recrutement. Beaucoup d'assistants de justice préparent en même temps d'autres concours du ministère de la Justice.

5| AVOCAT

L'avocat généraliste est un auxiliaire de justice qui représente et défend des particuliers ou des entreprises devant un tribunal au cours d'un procès. A lui les affaires civiles comme les accidents et autres divorces mais aussi des cas relevant du « pénal » – crimes, etc. Attention à bien distinguer les avocats généralistes des avocats d'affaires qui travaillent exclusivement pour les entreprises. De nombreuses spécialités peuvent enfin exister, droits de l'homme, droit de la famille, fiscalité, droit des affaires, etc.
Le rôle de l'avocat est varié : prestations de conseil, aide à la rédaction de déclarations et autres actes juridiques, représentation de son client devant un organisme public, défense au tribunal après avoir constitué le dossier le plus complet possible, etc. Auparavant, il aura pu tenter une médiation, dans le but d'éviter justement le procès.
Pour mener à bien ces diverses missions, l'avocat doit évidemment très bien maîtriser le droit français, mais il doit aussi connaître les règles juridiques des pays alentour, ne serait-ce qu'en cas de litige relevant du commerce international. En plus d'être rigoureux et précis, il se doit d'être bon orateur.
Il peut exercer à titre individuel ou en tant qu'associé, collaborateur libéral ou, plus rare, salarié d'un cabinet.

Formation

Titulaire d'un master 1 de droit au minimum, il faut ensuite étudier 18 mois en Centre régional de formation professionnelle d'avocats (CRFPA). L'entrée dans ces établissements est très sélective. Il faut une année de préparation en Institut d'études judiciaires (IEJ), dépendant des universités. Le parcours en CRFPA sera sanctionné par l'obtention du Certificat d'aptitude à la profession d'avocat (CAPA).
L'avocat va ensuite prêter serment et effectuer deux années de stage. Ce n'est qu'au terme de cette période qu'il pourra s'inscrire au barreau.

NOMBRE D'AVOCATS EN AUGMENTATION...

Il y avait 60 223 avocats au 1er janvier 2014 sur l'ensemble du territoire français pour 38 140 dix années plus tôt (+58 %). Le barreau de Paris regroupe par ailleurs 41 % de cet effectif. Un gros tiers de ces professionnels exerce à titre individuel, ou en qualité de collaborateur. Seuls 6 % sont salariés, 29,6 % sont associés.
Les femmes sont pour beaucoup dans la croissance du nombre total d'avocats puisque leur nombre ne cesse de grossir. Elles représentent aujourd'hui 54 % de l'effectif contre 53 % un an plus tôt.
Principales spécialités exercées par les avocats : le droit appliqué à l'économie et au social, et notamment le conseil aux entreprises (droit social, droit fiscal ou encore droit des sociétés). La France compte presque 2 000 avocats étrangers inscrits à un barreau français.

Avocat au Conseil d'Etat et à la Cour de cassation

Ces professionnels représentent les parties en présence devant la Cour de cassation et le Conseil d'Etat. Présents pour intervenir sur des questions administratives, ils agissent dès lors sur des affaires civiles, pénales et administratives. L'étendue des sujets demande une vaste connaissance des règles du droit. A noter que ces avocats ne sont qu'une centaine en France.

Formation

Trois années de formation complémentaire pour des avocats dotés de trois années d'expérience professionnelle.

Avocat en droit des affaires

Minoritaires en nombre, les avocats d'affaires génèrent pourtant 80 % des revenus de la profession !

Leurs missions ? Défendre les intérêts des entreprises devant les tribunaux mais aussi leur fournir une prestation de conseil. Droit fiscal, droit des contrats, droit de la propriété, droit immobilier, telles sont les diverses spécialités existantes. Ces professionnels sont très présents lors des étapes décisives de la vie des entreprises : fusions acquisitions, contrats, cessions d'activités. Ils peuvent également plaider devant les tribunaux.

Bien souvent, l'avocat d'affaires pourra intervenir en lien avec d'autres spécialités de son cabinet ou de l'entreprise défendue pour proposer une solution globale aux problématiques abordées. L'avocat d'affaires se doit d'être résistant à la fatigue. Au programme : de très longues journées de travail et des périodes de stress intense.

Aujourd'hui, les avocats d'affaires travaillent dans de grandes structures françaises de quelques dizaines de professionnels mais les plus importants cabinets demeurent anglo-saxons. Les entreprises d'audit et de conseil disposent également de leurs propres équipes. Fine connaissance du monde des affaires et pratique courante de l'anglais sont bien sûr indispensables. A noter que le titre formel d'« avocat d'affaires » n'est accessible qu'après quatre années de pratique et un contrôle de connaissances.

Formation

Un master en droit des affaires et le Certificat d'aptitudes à la profession d'avocat sont le minimum mais il est bon de décrocher en parallèle le diplôme d'une école de commerce. Autre atout, le Master of laws.

Avocat fiscaliste

Inutile de préciser que cette spécialité est très courue. Spécialisé dans la législation fiscale, ce professionnel doit aider son client à utiliser au mieux les lois pour « optimiser » sa situation tout en restant dans la légalité. Objectif évident : payer le moins d'impôts possible.

Le fiscaliste intervient à diverses étapes de la vie de l'entreprise pour faire le compte des conséquences fiscales de tel ou tel acte, rachat, prise de participation dans une autre société, etc. Il peut également avoir un rôle de conseil. Ses interlocuteurs : le directeur financier d'une entreprise, le PDG ou encore les responsables de salles de marché.

Formation

Master 1 ou 2 en droit voire – mieux – en droit fiscal ou IEP ou école de commerce avec spécialisation en droit des affaires ou fiscal et CAPA.

6| CHEF D'ÉTABLISSEMENT PÉNITENTIAIRE

Ce responsable met en œuvre au sein de son établissement la politique édictée par le ministère de la Justice pour la prise en charge des personnes faisant l'objet de mesures de privation de liberté. A lui la gestion des personnels – surveillants, éducateurs, conseillers d'insertion, médecins, enseignants, etc. Il doit également veiller aux bonnes conditions de détention, recueillir d'éventuelles observations de leur part mais aussi garantir la sécurité du personnel de surveillance. Il est bien sûr tenu pour responsable des incidents et évasions qui pourront éventuellement survenir. Il pourra déléguer certaines de ses fonctions à des adjoints en fonction de l'importance de la structure dont il a la charge. A noter également son rôle d'interface avec de nombreux interlocuteurs extérieurs comme les associations intervenant dans son établissement, la gendarmerie, les services de police et l'administration pénitentiaire en général.

A ce poste, il doit faire preuve d'un solide sens de l'organisation mais aussi de beaucoup de sang-froid dans des situations parfois difficiles – tensions avec les prisonniers ou encore avec les personnels de l'établissement.

Formation

Il est issu de l'Ecole nationale d'administration pénitentiaire (Enap), établissement accessible sur concours avec un bac +3, de préférence en droit ou diplôme d'IEP. Attention, en réalité, les admis ont bien souvent un bac +5.

7| COMMISSAIRE AUX COMPTES

La mission de ce professionnel est de confirmer la régularité des comptes d'une société tels qu'ils sont présentés au public, associés et autres actionnaires. Il établit que les chiffres exposés – patrimoine, bilan… – sont fidèles à la réalité. Il communique par ailleurs certains rapports aux actionnaires. Il peut d'autre part déclencher des alertes lorsque l'entreprise concernée semble en difficulté. Le commissaire aux comptes peut travailler seul, en profession libérale, ou au sein d'une équipe en société civile professionnelle.

Formation

Le diplôme d'expert-comptable ou un diplôme d'école de commerce, ou le master 2, de préférence en droit. A chaque fois, il faudra aussi deux à trois années de stages chez un commissaire aux comptes.

8| COMMISSAIRE DE POLICE

Responsable d'un commissariat de quartier ou fonctionnaire d'un service de police plus spécialisé, le commissaire est un homme d'action qui va mener certaines enquêtes, mais aussi un manager d'équipes dont il va coordonner les actions. Il doit par ailleurs gérer divers moyens humains et matériels mis à sa disposition. Beaucoup de responsabilités auxquelles vont s'ajouter certaines spécificités en fonction de son service : police aux frontières, renseignement intérieur, protection des personnalités, etc.
Egalement au contact du public, des élus et de nombreux autres services de police, le commissaire doit également se montrer homme de dialogue.

Formation

Il est possible de devenir commissaire de police par le biais d'un concours interne et externe organisé par le ministère de l'Intérieur. Pour accéder au concours externe, il faut être âgé de moins de 35 ans et titulaire d'un diplôme de niveau bac +5 (diplôme de droit ou encore IEP). Une fois le concours réussi, la formation se déroule à l'Ecole nationale supérieure de la police (ENSP) pour deux années de formation et de stages en service actif.

9| COMMISSAIRE-PRISEUR

Tout le monde connaît le commissaire-priseur. Et pour cause, son activité, assez spectaculaire, lui permet d'intervenir sur des domaines variés. Il faut néanmoins distinguer deux catégories parmi ces professionnels. *Primo* le commissaire-priseur judiciaire chargé de ventes publiques d'objets faisant suite à des faillites ou des saisies. Ensuite le commissaire-priseur « volontaire » ou « habilité » qui ne peut vendre que des biens issus de particuliers. Le premier sera officier ministériel alors que le second travaillera au sein de sociétés de ventes volontaires.
Incontestablement, ce métier fait appel à de nombreux talents. Homme ou femme de droit, le commissaire-priseur doit aussi savoir discuter avec les nombreux interlocuteurs entourant une vente, qu'il s'agisse des cédants ou des acheteurs. Il doit également pouvoir estimer les biens qui lui auront été confiés, savoir constituer un catalogue, informer le public et avoir quelques talents de « showman » pour que la vente soit la plus satisfaisante possible.

Formation

Il est nécessaire d'être titulaire d'une double compétence en droit et en histoire de l'art (Licence et L2 dans l'une et l'autre matière) pour pouvoir passer l'examen d'accès au stage de commissaire-priseur. Autre possibilité : sortir de l'Ecole du Louvre. Suivront deux années de stage sanctionnées par un certificat de bon accomplissement délivré par le Conseil des ventes, pour la partie volontaire, plus un examen d'aptitude à la profession de commissaire-priseur judiciaire si l'on a choisi cette voie.

10| CONSEILLER D'INSERTION ET DE PROBATION

Chargé d'aider à la future réinsertion du détenu, ce conseiller doit donc maintenir un lien entre ce dernier et la société. A lui de l'encourager à entreprendre par exemple une formation pour faciliter ensuite son retour à l'emploi. Il peut aussi aider à l'adaptation de la peine vers des formules moins répressives, ou tout le moins plus adaptées à la condition du détenu, et par la suite surveiller ceux qui auront entamé une période, par exemple, de semi-liberté, pour s'assurer du respect de leurs obligations. Un tel travail implique bien sûr d'agir en lien avec de multiples interlocuteurs judiciaires, mais aussi services sociaux, collectivités, employeurs et autres associations. De quoi faciliter ensuite le retour des prisonniers dans des structures propres à les accueillir dans les meilleures conditions.

Formation

Ecole nationale d'administration pénitentiaire. Il faut un bac +2 pour intégrer cette formation.
Dans les faits, beaucoup d'admis au concours disposent d'un master 1 en droit.

11| CONTRÔLEUR DU TRAVAIL

De par sa mission, le contrôleur du travail, fonctionnaire de l'Etat, se trouve plongé en permanence au cœur de la vie de l'entreprise. Sa mission : s'assurer du respect de la législation en matière de conditions de travail, ce qui englobe la santé au travail ou encore les relations professionnelles au travail.
Dépendant du ministère du Travail, les contrôleurs travaillent dans les DIRECCTE – Directions régionales de l'entreprise, de la concurrence, de la consommation, du travail et de l'emploi. Ils examinent la bonne application des lois, ils s'assurent de la bonne prévention des risques professionnels en termes de santé et de sécurité et conseillent les employeurs et les salariés sur leurs droits et obligations. Bien entendu, ils peuvent aussi déclencher des enquêtes, effectuer des contrôles, constater les infractions et dresser un procès-verbal.

Formation

Tout d'abord un bac +2 de préférence dans le domaine du droit puis l'Institut national du travail, de l'emploi et de la formation professionnelle (INTEFP).

12| CRIMINOLOGUE

Entre expert judiciaire, sociologue et psychologue, le criminologue veut analyser les différentes formes de criminalité et ce qui motive à chaque fois les délinquants pour mieux comprendre les grands mécanismes de déclenchement de ces comportements. Objectif : aider à la prévention et aider à réduire la criminalité. Entre analyse statistique et travail d'archives, il va s'intéresser à toutes sortes de délits et crimes – délinquance juvénile, criminalité économique, viols ou encore trafic de drogue – pour cerner de grands profils types. Il travaille en centre de détention voire en centre de protection de l'enfance et de la jeunesse.
Le criminologue peut également, fort de son expertise, intervenir auprès des tribunaux, mais aussi auprès des prisons dans le placement de certains détenus et la formation du personnel.
Attention, le statut de cet expert n'est pas parfaitement défini en France, un certain nombre de professions – magistrats, enquêteurs ou encore avocats – pouvant revendiquer cette compétence.

Formation

Un cursus en droit pénal est recommandé, avec ensuite une spécialisation en criminologie en milieu universitaire.

13| ÉDUCATEUR DE LA PROTECTION JUDICIAIRE DE LA JEUNESSE

L'éducateur de la protection judiciaire de la jeunesse (PJJ) prend en charge les jeunes en difficulté, le plus souvent des mineurs en danger dans leur environnement familial ou des jeunes jugés pour délinquance. Il va évaluer les conditions dans lesquelles ils vivent et prendre ensuite une décision de maintien en milieu familial ou de placement en centre d'éducation ou en milieu fermé. A lui, *in fine,* d'aider ceux qui sont sous sa responsabilité à retrouver des conditions de vie plus stables et une situation plus saine.

Il s'agit d'un travail d'équipe puisque l'éducateur de la PJJ est en lien avec les services sociaux, des psychologues mais aussi avec la justice pour réfléchir au programme éducatif le plus adapté. Il sera par ailleurs en relation avec sa famille. L'éducateur va s'impliquer dans la vie du jeune – santé, scolarité, futur avenir professionnel – pour le comprendre et l'aider à entrevoir d'autres voies de développement personnel.

Ce métier implique beaucoup d'empathie, de la persévérance, de même qu'une certaine solidité psychologique pour faire face à des situations parfois difficiles. Cet éducateur peut aussi vivre au contact des jeunes dont il s'occupe, par exemple en foyer.

Formation

Une institution est incontournable : l'Ecole nationale de protection judiciaire de la jeunesse, laquelle est accessible à partir d'un bac +2 ou par concours avec le diplôme d'Etat d'éducateur spécialisé (DEES).

14| ENQUÊTEUR PRIVÉ

Employés par des particuliers pour les cas classiques de disparition ou d'adultère, les détectives ou enquêteurs privés sont également de plus en plus mobilisés par les entreprises (compagnies d'assurances, groupes de luxe, etc.), par exemple dans les cas de contrefaçon ou de concurrence déloyale.
Bien évidemment, ce professionnel va mobiliser un certain nombre de connaissances en droit pour déterminer et évaluer les préjudices. Il est important, pour que son travail soit recevable au tribunal, qu'il respecte les règles de procédure civile ou pénale en vigueur. On compte 3 000 à 4 000 détectives ou enquêteurs privés en France.

Formation

Les formations à ce métier sont très spécifiques. Retenez, entre autres, quelques licences professionnelles en sécurité des biens et des personnes, spécialité activité juridique, directeur d'enquêtes privées, à Paris II Panthéon Assas, ou encore la licence professionnelle de l'université de Nîmes mention agent de recherches privées.

15| FISCALISTE

Tout comme l'avocat fiscaliste, le juriste fiscaliste s'assure que son entreprise respecte toutes les règles en vigueur dans son domaine, ce qui n'est pas facile tant l'environnement légal peut évoluer rapidement et se complexifier d'année en année. Il peut aussi s'occuper de l'« optimisation » fiscale de son entreprise, ce qui, là encore, n'est pas simple puisque toute opération importante – acquisition, implantation nouvelle dans un pays aux législations différentes – peut l'obliger à se remettre à l'ouvrage.
Ces missions impliquent une solide connaissance du droit et des règles de comptabilité mais aussi de savoir interpréter au mieux les textes pour placer son employeur dans la position la plus avantageuse. Il faudra par ailleurs se tenir très au courant des dernières dispositions en vigueur. Dernier point essentiel : savoir dialoguer avec d'autres services comme les ressources humaines pour ne laisser aucune zone d'ombre quant à la situation fiscale et légale de l'entreprise.

Formation

Il est nécessaire de posséder une formation juridique spécialisée, telle qu'un master en droit fiscal des affaires ou en comptabilité, contrôle et audit ou une formation de grande école de commerce complétée d'un volet fiscal.

16| GARDIEN DE LA PAIX

Partie intégrante du corps de maîtrise et d'application de la police nationale, le gardien de la paix a pour objectif le maintien de l'ordre public et la protection des personnes et des biens. Sous l'autorité du commissaire et des officiers de police, il participe aux missions des divers services de la police. Il peut intervenir sur des vols en flagrant délit, des tapages nocturnes, réguler la circulation, assurer la surveillance de quartiers difficiles, participer aux enquêtes criminelles ou encore évoluer au sein de la Compagnie républicaine de sécurité (CRS). Autres spécialisations possibles : motard ou sauveteur en montagne, liste non exhaustive.
On compte plus de 100 000 gardiens de la paix en France, gradés compris, ce qui permet des évolutions importantes en termes de carrières mais aussi de fréquentes mutations.

Formation

La formation se déroule en école nationale de police. Les candidats sont recrutés par le biais de concours nationaux ou déconcentrés en Outre-Mer, pour des candidats de 17 à 35 ans. La scolarité dure un an. La nomination en qualité d'élève est soumise à la condition de rester au service de l'Etat pendant cinq ans. Pour postuler au concours externe, il faut être titulaire du bac ou d'un diplôme équivalent, ou justifier d'au moins trois ans d'activité dans le domaine de la sécurité (deux ans d'expérience pour les titulaires du brevet, du CAP ou du BEP). Les conditions d'admission peuvent évoluer dans certains cas : expérience professionnelle particulière, être père ou mère d'au moins trois enfants, ou encore être sportif de haut niveau.

Il est possible de devenir gardien de la paix sans disposer de diplôme, à condition de s'engager comme adjoint de sécurité ou cadet de la République. La formation dure 12 semaines pour un adjoint, et 12 mois pour un cadet en établissement de formation de la Police nationale. Il est ensuite possible de tenter le concours de gardien de la paix.

17| GESTIONNAIRE DE CONTRATS D'ASSURANCE

C'est à lui que s'adresse le particulier désireux de faire assurer voiture, propriété ou tout autre bien de valeur. Son travail : rédiger un contrat qui va reprendre quelques clauses types mais aussi des points plus spécifiques variant en fonction du client. Il se charge par ailleurs des appels à cotisation et de l'encaissement des primes. Autre mission : réagir lorsque lesdits clients rencontrent des difficultés qui devront faire intervenir l'assurance. Dans le cadre d'accidents de voiture, problèmes de la vie quotidienne, il lui revient de dépêcher si besoin un expert, de constituer un dossier et d'estimer la situation pour ensuite déterminer s'il y a lieu d'intervenir.

Formation

BTS assurance, DUT carrières juridiques, mais aussi bac +3 comme la licence professionnelle en assurances voire le master droit des assurances ou des formations plus généralistes d'économie ou de gestion.

18| GREFFIER DES SERVICES JUDICIAIRES

Le greffier est un élément essentiel à la justice, quoique souvent discret. A lui la tâche de consigner par écrit les débats et les déclarations survenant lors des audiences. Le juge énonce ou applique le droit, le greffier le retranscrit par écrit et garantit ainsi l'authenticité des décisions.
Mais le rôle du greffier ne se limite pas à l'enceinte du tribunal. Collaborateur direct d'un magistrat, il lui revient d'enregistrer les demandes des plaignants et de rédiger les divers actes de justice qui vont accompagner une procédure. Il doit aussi notifier aux parties en présence les dates des audiences, les jugements, et surtout conserver des traces écrites de tous les actes auxquels il assiste. Attention, une procédure mal retranscrite peut se trouver annulée ou invalider un jugement. Il convient donc d'être très rigoureux.
Le travail du greffier peut cependant varier en fonction de la juridiction et du magistrat auquel il sera rattaché (instruction, tribunal pour enfants, Cour d'assises, etc.).
Il est possible après quatre ans de devenir greffier en chef.

Formation

Le recrutement se fait principalement par la voie d'un concours externe ouvert aux titulaires d'un bac +2 ou diplôme équivalent. Organisée au sein de l'Ecole nationale des greffes de Dijon, la formation dure 18 mois et comprend de nombreux stages, dont notamment un stage de « préaffectation au poste » d'une durée de 6 mois. Pendant sa formation, le greffier stagiaire perçoit un traitement net d'environ 1 600 euros. Au moment d'intégrer l'école, les élèves s'engagent à travailler au moins quatre ans en tant que greffier au service de l'Etat.

19| GREFFIER DES TRIBUNAUX DE COMMERCE

Le greffier des tribunaux de commerce est la mémoire du monde de l'entreprise, *via* le registre du commerce et des sociétés qu'il tient à jour. Il y fait figurer toute information concernant les entreprises, raison sociale, situation économique, etc.
Il est par ailleurs chargé d'enregistrer toutes les affaires relatives à la vie des entreprises telles que les faillites ou divers litiges. Il organise d'autre part le déroulement des procédures nécessaires à chaque dossier. Comme le greffier judiciaire, il assiste le président du tribunal et les juges, il retranscrit et conserve les jugements. Il n'est pas fonctionnaire de justice mais officier ministériel. Pour travailler, il doit acheter une charge ou s'associer à d'autres greffiers.

Formation

Il faut un master 1 en droit puis une année de stage en greffe de tribunal de commerce. Suivra l'examen d'aptitude de greffier des tribunaux de commerce.

20| HUISSIER DE JUSTICE

Convocation, assignation civile ou convocation pénale, décision de justice… L'huissier est celui qui va signifier à une personne toute action ou décision de justice la concernant. Il sera aussi chargé de procéder à l'exécution forcée des titres exécutoires. A noter qu'il détient le monopole dans l'application des décisions de justice et actes juridiques. Il peut néanmoins chercher auparavant avec son interlocuteur la meilleure solution possible, par exemple la mise en place de plans de remboursement, avant d'organiser, si aucune autre voie n'est trouvée, la saisie des biens ou encore l'expulsion.
L'huissier peut aussi se trouver auprès des tribunaux pour assurer le bon déroulement des audiences. Il est également l'expert auquel on peut s'adresser pour faire constater de manière officielle des fraudes ou des malfaçons immobilières. Il joue enfin un rôle de conseil juridique.
Officier ministériel, l'huissier doit acheter une charge pour pouvoir exercer en tant que professionnel libéral. La création de nouvelles études étant rare, les opportunités sont donc limitées. L'huissier peut travailler seul ou à plusieurs au sein d'une société civile professionnelle.

Formation

La formation est ouverte aux titulaires d'un master 1 minimum en droit ou d'un diplôme reconnu équivalent. Essentiellement pratique, elle comprend un stage professionnel rémunéré de deux ans dans une étude d'huissier, doublé d'un enseignement assuré dans chaque région par la Chambre des huissiers. Il est fortement recommandé d'obtenir le diplôme de l'Ecole Nationale de Procédure dont les cours peuvent être suivis parallèlement au stage. A l'issue du stage, le candidat passe l'examen professionnel. Attention, l'examen professionnel est très sélectif et on ne peut pas s'y présenter plus de 4 fois.

21| JUGE ADMINISTRATIF

Ce professionnel intervient dans les litiges opposant particuliers (individus, entreprises, associations) et administration (Etat, administration territoriale, administration hospitalière, etc.). Ces contentieux sont des litiges de la vie quotidienne, des accidents survenus sur la voie publique, voire des contentieux avec une structure administrative.
Ce magistrat va donc intervenir pour modifier voire annuler la décision administrative précisément contestée. Il peut même condamner l'administration à verser des indemnités. Un travail s'effectuant principalement sur dossier. Ce juge exerce au sein des tribunaux administratifs, cours administratives d'appel ou au conseil d'Etat.

Formation

Les juges administratifs sont issus de l'ENA, mais cette école ne suffisant pas à pourvoir tous les postes, d'autres voies de recrutement existent par concours et promotion interne. Minimum requis, le bac +3, mais des formations complémentaires de type prépa sont très recommandées. Un stage de six mois au Conseil d'Etat sera par ailleurs nécessaire pour préparer à l'exercice de l'activité juridictionnelle.

22| JUGE AUX AFFAIRES FAMILIALES

Ce magistrat est spécialisé dans les contentieux familiaux et notamment en cas de divorce. Versement des pensions alimentaires, droits de visite, gestion de l'après-divorce... Il peut intervenir sur chaque étape du processus, de même qu'il pourra agir sur l'exercice de l'autorité parentale : père ou mère. Il peut privilégier l'une ou l'autre des positions en cas de conflit sur la scolarité des enfants ou tout autre problème de ce genre. Le « JAF » travaille avec des psychologues, des médecins experts ou sur la base d'enquêtes scolaires. Il peut aussi agir en concertation avec un juge des enfants si le mineur en question a fait l'objet d'une procédure.

Formation

Le JAF est un magistrat formé à l'Ecole nationale de la magistrature. Les différents JAF seront nommés en fonction de leur rang de sortie.

23| JUGE D'INSTANCE

Il est le juge du quotidien que l'on saisit pour des affaires dont les enjeux financiers sont inférieurs à 10 000 euros. Loyers impayés et tous les autres litiges de la vie civile sont en effet de son ressort. A lui de statuer sur la situation en présence, de discuter avec les diverses parties, de se déplacer sur le terrain en cas de besoin, et en toutes circonstances de s'adapter au public auquel il va s'adresser. D'autres situations spécifiques telles que les problèmes liés aux crédits à la consommation ou encore aux frais de construction dépendent également de lui.
Egalement juge des tutelles, le magistrat doit veiller à la sauvegarde des personnes protégées, majeurs « diminués » ou encore mineurs de moins de 16 ans en recherche d'émancipation. Ce travail nécessite de grandes qualités de dialogue puisque ce magistrat va souvent s'adresser à son public sans l'intermédiaire d'avocats dont la présence n'est pas obligatoire. Le juge d'instance préside seul les audiences, aux côtés d'un greffier.

Formation

Ecole nationale de la magistrature, formation sur trente et un mois, entrée sur concours après master 1 en droit (master 2 de préférence).

24| JUGE DE L'APPLICATION DES PEINES

Il intervient après le jugement. Rattaché au tribunal de grande instance, il s'attache au bon déroulement des peines en lien avec les établissements pénitentiaires. Il décide d'éventuelles permissions de sortie ou encore de réductions de peine et autres libérations conditionnelles. Egalement chargé de surveiller les mesures de mise à l'épreuve, il doit aider à favoriser la réinsertion des ex-détenus afin de prévenir toute récidive. Une mission menée en lien avec divers interlocuteurs comme les éducateurs ou encore les conseillers d'insertion. Cette responsabilité réclame beaucoup de patience vis-à-vis des détenus en difficulté, dont il faut protéger les intérêts tout en veillant bien sûr au respect de l'ordre.

Formation

Ecole nationale de la magistrature, formation sur trente et un mois, entrée sur concours après master 1 en droit (master 2 de préférence).

25| JUGE DES ENFANTS

Chargé d'intervenir au civil comme au pénal, le juge des enfants se tient aux côtés du mineur en danger, lorsque sa santé, sa sécurité, sa moralité mais aussi ses possibilités d'études sont compromises. A lui de veiller aux conditions d'éducation et aux conditions sanitaires dans lesquelles les enfants, dont il a la charge, sont élevés. En lien avec les services sociaux et autres éducateurs et le juge aux affaires familiales, il peut décider de placements provisoires des enfants dans des établissements spécialisés voire en famille d'accueil. C'est un travail de répression mais surtout d'assistance aux familles et aux mineurs. Le juge des enfants doit en effet privilégier les solutions les moins « extrêmes » pour éviter toute situation traumatisante pour l'enfant.
Le magistrat sera également compétent pour instruire et juger les dossiers d'infractions commises par un mineur. En cas de délits plus graves voire de crimes, les dossiers seront alors transmis au tribunal des enfants voire à la Cour d'assises des mineurs. Le Juge des enfants sera enfin chargé de l'application des peines des mineurs en question.

Formation

Ecole nationale de la magistrature, formation sur trente et un mois, entrée sur concours après master 1 en droit (master 2 de préférence) ou diplôme d'IEP.

26| JUGE D'INSTRUCTION

Fonction prestigieuse, bien connue et parfois discutée, le juge d'instruction veille à la bonne conduite de dossiers souvent difficiles tels que les crimes et autres délits graves. Une fois saisi d'une affaire par le procureur de la République ou par une victime se constituant partie civile, il va coordonner le déroulement de l'enquête et l'action des forces de police, faire appel à divers intervenants extérieurs, convoquer les témoins des affaires en cours, décider des perquisitions ou encore mettre les suspects en examen et finalement regrouper un maximum d'éléments visant à apporter toute la lumière sur les cas qui lui sont présentés. *In fine,* le dossier sera porté devant le tribunal correctionnel ou la Cour d'assises, à moins qu'un non-lieu ne soit prononcé.
La fonction demande tout d'abord un vrai savoir-faire dans la gestion administrative des pièces et dossiers qui lui sont confiés. Disposant d'une grande autonomie dans l'organisation de son travail, il doit aussi faire preuve d'autorité pour mener dans la bonne direction les diverses équipes travaillant sous son périmètre. Bien évidemment, l'éthique et le respect du code de procédure pénal sont essentiels. Il faudra par ailleurs savoir résister à une pression médiatique qui peut s'avérer très forte sur certains dossiers. De fait, certains juges d'instruction sont très connus du grand public.

Formation

Ecole nationale de la magistrature, formation sur trente et un mois, entrée sur concours après master 1 en droit (master 2 de préférence) ou diplôme d'IEP.

27| JURISTE D'ENTREPRISE

Si les juristes peuvent travailler dans de nombreuses spécialités différentes – propriété intellectuelle, droit social, droit de l'environnement, banque, etc. – une mission commune persiste : veiller à ce que leur entreprise travaille et demeure en conformité avec la loi. Ce qui va impliquer une veille sur de nombreux domaines et règlements environnementaux, sociaux ou encore de propriété intellectuelle.
Le juriste d'entreprise joue aussi un rôle clé en matière de conseil et de prévision d'éventuelles difficultés à divers moments cruciaux : négociations commerciales, cessions, acquisitions, ressources humaines, etc. Il peut d'autre part jouer le rôle d'intermédiaire privilégié entre son employeur et des tierces parties juridiques comme des cabinets d'avocats. Consultant permanent de l'entreprise pour des questions aussi bien commerciales, financières que techniques, le juriste va appartenir à l'entreprise pour laquelle il travaille s'il s'agit d'une structure importante. Il peut en outre dépendre d'un cabinet de conseil ou d'un cabinet d'avocats.
Les questions juridiques devenant de plus en plus essentielles en même temps que de plus en plus complexes pour les entreprises, la fonction évolue rapidement et a tendance à largement se spécialiser.
Outre une fine connaissance du droit, le juriste devra aussi maîtriser l'organisation de son entreprise de même que son domaine d'activité. A lui également de faire preuve de capacités relationnelles fortes et d'un solide bon sens, de même que de facultés de synthèse et d'analyse évidentes.

Formation

Si les opportunités sont assez nombreuses, le niveau d'études requis est élevé. Comptez un master 1 en droit minimum, mais un master 2 en droit avec une spécialisation (droit de l'environnement, droit fiscal, etc.) est plus recherché. Le juriste peut également être un avocat titulaire du CAPA.

28| JURISTE EN DROIT SOCIAL

Le juriste spécialisé dans le droit social appartient au service des ressources humaines d'une entreprise. Son lot quotidien : la mise en forme des contrats d'embauche ou encore des procédures de licenciement. A lui aussi de gérer les procédures de contentieux pouvant survenir avec les salariés, les questions de protection sociale, de formation interne, etc. Un travail précis et méthodique qui ne doit souffrir aucune approximation pour bien couvrir l'entreprise en cas de soucis mais également assurer de bonnes conditions de travail à chaque collaborateur.
Ce professionnel sera aussi mobilisé lors des grandes évolutions pouvant survenir dans sa société ou lorsque le cadre législatif et réglementaire évolue pour placer son entreprise en conformité avec les lois. Il doit bien évidemment parfaitement maîtriser son droit social pour, à chaque fois, trouver les solutions les plus adaptées. Cette profession comportant une part importante de dialogue avec les diverses parties de l'entreprise – négociations, plans sociaux, etc. – le juriste doit également s'avérer homme ou femme de dialogue.

Formation

Le master 1 et plus sûrement le master 2 sont les niveaux requis pour travailler dans ce domaine, avec des spécialisations en droit du travail et de la protection sociale, droit social et relations sociales en entreprise ou encore droit des affaires et droit des relations de travail.

29| JURISTE EN PROPRIÉTÉ INTELLECTUELLE

Très souvent employé dans des domaines artistiques, dans le luxe mais aussi dans l'industrie, le juriste en propriété intellectuelle n'a qu'un objectif en tête : protéger la création. A lui de débusquer les contrefaçons, les imitations, à lui aussi de repérer les violations de brevet pouvant survenir par exemple dans l'industrie. Parfums, sacs à main, logiciels, musique, écrits, dessins industriels, brevets technologiques, molécules pharmaceutiques, les domaines d'interventions sont extrêmement variés au point que ces juristes en viennent souvent à se spécialiser dans quelques-uns de ces secteurs pour y être ensuite plus efficaces.
En s'appuyant sur la loi, le juriste en propriété intellectuelle va constater et confirmer le viol de propriété intellectuelle avant de monter un dossier et d'évaluer le préjudice subi. Objectif : faire retirer les produits incriminés du marché et obtenir des indemnités à hauteur du préjudice financier.

Formation

Le master (bac +5) en droit de la propriété intellectuelle est le meilleur parcours pour exercer dans ce domaine. Une formation complémentaire plus sectorielle est également appréciée pour bien connaître le domaine d'activité dans lequel il interviendra – luxe, pharmacie ou encore nouvelles technologies.

30| LIEUTENANT DE POLICE

Officier de la police nationale, le lieutenant travaille sous les ordres d'un commissaire. Principale mission : assurer la protection des personnes, des biens et du territoire. Pour ce faire, il conduit un certain nombre d'enquêtes mais travaille aussi sur des missions de terrain, interventions ou enquêtes, sans oublier des missions de surveillance. Un métier d'action, mais son quotidien passera également par de longues heures de bureau et de longues périodes d'attente, d'observation, de planques et, bien sûr, de démarches administratives pendant lesquelles il doit aussi consigner ses actions, perquisitionner ou encore auditionner.
Ce métier est souvent très difficile à concilier avec une vie personnelle. Travail de nuit, horaires compliqués, le lieutenant de police ne ménage ni ses efforts ni ses journées.

Formation

Une licence de préférence en filière juridique est indispensable pour ensuite intégrer l'Ecole nationale supérieure de la police (ENSP). Attention, beaucoup de postulants sont diplômés d'un master 1 ou 2. La formation dure ensuite dix-huit mois.

31| MÉDIATEUR PÉNAL

Il s'agit pour le médiateur de faciliter le règlement amiable de divers litiges pénaux en discutant avec l'auteur et la victime de l'infraction de solutions par le biais, bien souvent, d'un versement de dommages et intérêts. Professionnel habilité ou issu d'une association habilitée par le ministère de la Justice, le médiateur va intervenir le plus souvent sur des litiges de petite gravité.

Formation

Le médiateur pénal possède une formation en droit, au moins de bac +3 mais les masters 1 et 2 dans le domaine existent également.

32| NOTAIRE ET CLERC DE NOTAIRE

Notaire

Officier public et ainsi nanti d'une délégation de puissance publique, le notaire dépend à la fois de la chambre départementale ou interdépartementale des notaires et du procureur de la République. Son travail consiste à rédiger des actes officiels et à les authentifier en y apposant son sceau et sa signature, ainsi des transactions immobilières (droit immobilier), des contrats de mariage (droit de la famille) ou encore des baux commerciaux (droit des sociétés).
Il remplit aussi une mission de conseil, à savoir qu'il doit prévenir ses interlocuteurs de la portée de leurs actes et de leurs engagements et expliquer les solutions qu'il va leur proposer.
Professionnel exerçant en libéral, il a acheté une « charge » pour pouvoir s'installer et exercer. Mais le notaire peut également exercer en tant qu'associé ou salarié. Aujourd'hui, une majorité de notaires sont de fait associés, avec des études pouvant compter plusieurs dizaines de salariés.

Formation

Une fois le master 1 en droit en poche, l'aspirant-notaire a deux solutions : la voie universitaire, à savoir un master 2 en droit notarial, ou la voie professionnelle, en centre de formation professionnelle notariale. Dans les deux cas suivront deux années de stage puis l'examen final.

Clerc de notaire

Appelé désormais collaborateur de notaire, le clerc de notaire gère quant à lui le montage des dossiers et contrats. Si l'étude est importante et que le professionnel est expérimenté, il peut aussi recevoir des clients et prendre à sa charge des dossiers complets. Il doit pouvoir exercer sur des problématiques variées, discuter avec l'ensemble des interlocuteurs

des dossiers en cours – dans l'étude ou à l'extérieur – et faire preuve d'une grande technicité pour travailler sur des actes et des dossiers exigeant un vocabulaire et des normes très spécifiques.
Technicien, nous l'avons dit, ce spécialiste doit aussi savoir parler clairement aux personnes rattachées aux dossiers sur lesquels il travaille.

Formation

BTS Notariat, Licence professionnelle métiers du notariat, puis diplôme professionnel de l'Institut des métiers du notariat.

33| PROCUREUR DE LA RÉPUBLIQUE

Défendre les intérêts de la société et assurer l'application de la loi, tels sont les principes clés résumant le travail du procureur de la République. Derrière ces mots se cachent de nombreuses missions. A lui par exemple d'analyser les plaintes et dossiers transmis par la police, les services sociaux ou encore l'administration, avant d'engager des poursuites, de diriger l'action de la police et de décider des poursuites nécessaires. Représentant du ministère public devant l'ordre judiciaire, il décide des décisions et des sanctions à prendre après enquête et rapport des faits. Il peut alors classer une affaire sans suite, décider de mesures ponctuelles, demander le renvoi d'une personne devant un tribunal ou encore ouvrir une information judiciaire en cas de crimes ou de délits complexes. Il peut alors saisir le juge d'instruction, même s'il conserve la possibilité d'intervenir en cours de procédure.
En tant que défenseur des intérêts de la société, il se doit de prendre une position impartiale, il peut bien sûr plaider au tribunal et alors réclamer des peines au nom du ministère public. En cas d'absence, il sera remplacé par un substitut.
Forcément rigoureux, diplomate, le procureur est un magistrat déjà expérimenté.

Formation

Master 1 de droit (pénal, administratif ou encore financier) puis Ecole nationale de la magistrature. Le diplôme d'IEP peut aussi convenir pour l'admission à l'ENM.

34| SECRÉTAIRE JURIDIQUE

Employé au sein d'un cabinet d'avocats ou à l'intérieur d'un service juridique de grande entreprise, le secrétaire juridique assure à ce poste des tâches classiques de secrétariat, mais dans un univers bien particulier, qui vont lui demander de fortes connaissances juridiques et un véritable savoir-faire pour mettre en forme des documents très spécifiques exigeant beaucoup de rigueur et de travail. Il faudra aussi faire preuve de beaucoup de discrétion.

Formation

Un bac +2 est nécessaire, par exemple un BTS Assistant manager complété d'un parcours juridique, un BTS Assurance ou encore le DUT Carrières juridiques. Ne pas oublier des diplômes plus particuliers tels que le DEUST Assistanat juridique et le DU Secrétariat juridique, délivré dans quelques universités. L'Enadep (Ecole nationale de droit et de procédure pour le personnel des avocats) permet de former des secrétaires juridiques en formation continue pour les avocats.

35| SUBSTITUT DU PROCUREUR

Chargé d'intervenir lorsqu'une infraction est constatée, le substitut va diriger l'activité des services de police, engager les poursuites nécessaires mais aussi envoyer les prévenus devant le tribunal et réclamer une peine à l'audience. Il participe par ailleurs aux commissions d'application des peines et intervient dès lors directement dans la vie des détenus.
Tenu à certaines permanences le week-end pour pouvoir répondre sans discontinuer aux sollicitations des services de police, le substitut doit dès lors faire preuve d'une grande disponibilité. Certains substituts travaillent d'autre part directement à la Chancellerie, au sein de l'administration centrale du ministère de la Justice. Ils mettent dès lors en place les politiques judiciaires et préparent certains écrits législatifs ou réglementaires.

Formation

Ecole nationale de la magistrature, formation sur trente et un mois, entrée sur concours après un master 1 en droit (master 2 de préférence) ou diplôme d'IEP.

36| SURVEILLANT D'ÉTABLISSEMENT PÉNITENTIAIRE

Il est chargé de maintenir la sécurité au sein des prisons tout en gérant leur fonctionnement au quotidien. Fouilles des détenus, distribution des repas, suivi du courrier qu'il réceptionne et qu'il lit, surveillance des promenades, ses rôles sont divers et soulignent bien la totale implication de ce professionnel dans le bon fonctionnement de l'établissement où il exerce. Cette mission de surveillance et d'éventuelle répression peut également s'accompagner d'un volet d'aide et de conseil à la réinsertion des détenus lorsqu'il va les encourager, par exemple, à entamer une formation. Un métier difficile tant les journées peuvent être longues et la tension parfois importante.

Formation

Seul le Brevet des collèges est nécessaire pour devenir surveillant d'établissement pénitentiaire. Cela dit, bon nombre de candidats au concours de recrutement sont titulaires du bac ou sortent de formation universitaire. Une fois le concours réussi, les futurs surveillants vont se former huit mois à l'Ecole nationale d'administration pénitentiaire (Enap) avant leur titularisation.

PARTIE III

LES FORMATIONS AU DROIT

Même si les métiers du droit sont très variés, le schéma général de formation est relativement simple. Pour démarrer, envisagez des études universitaires, L2, licence, mais plus souvent master 1 ou master 2 dans la plupart des cas, puis formation spécialisée, de nombreuses professions disposant de leur propre cursus, Ecole nationale de la magistrature (ENM) pour les futurs magistrats, Ecole nationale d'administration pénitentiaire (Enap), Centre régional de formation professionnelle des avocats (CRFPA), Ecole nationale des greffes (ENG) pour les futurs greffiers, etc.

Un point commun doit cependant être attentivement pris en compte avant de se lancer : la longueur des études requises. Si vous voulez vraiment vous donner le choix dans le domaine du droit, il vous faudra avant tout envisager de longs parcours. En deçà de quatre années, les opportunités seront en effet extrêmement peu nombreuses... De fait, la plupart des métiers ne recrutent qu'à partir de ce seuil, et encore sont-ils avant tout pris d'assaut par des candidats titulaires d'un master 2 ou d'une double formation à la fois disciplinaire et sectorielle – exemple : droit et management, droit et entreprise, droit et immobilier, etc. De nombreuses prépas existent également qui rallongent encore le temps d'études mais s'avèrent souvent indispensables tant ces institutions – ENM, etc. – s'avèrent sélectives.

1| BTS, DUT, LICENCES PROFESSIONNELLES, LES CURSUS COURTS

Certaines professions non fondées sur le droit mais qui exigent cependant de solides connaissances en la matière peuvent se satisfaire d'un cursus relativement court de deux à trois années. Assurances, métiers du notariat, nombreux métiers de la fonction publique, journalisme, voici quelques métiers où un BTS, un DUT ou une L2 en droit seront bienvenus voire suffisants. Ces formations accueillent des bacheliers de filières très variées, générales comme technologiques. De quoi chercher ensuite un emploi directement en rapport avec ces formations ou – cas de figure courant – poursuivre ses études vers des cursus plus longs menant souvent au master.

Avant tout, quelques mots sur la capacité en droit

Une spécificité des études juridiques est bien la capacité en droit, l'un des rares diplômes permettant à des étudiants n'ayant pas obtenu leur bac de s'engager dans des parcours supérieurs. Ouverte aux élèves de 17 ans minimum, elle est avant tout dispensée par le biais de cours du soir. D'une durée de deux ans, elle propose des cours de droit civil, droit social ou encore droit public. De quoi entamer ensuite des études de droit à l'Université en première voire en deuxième année. Sans oublier les BTS Notariat et le DUT Carrières juridiques. La capacité en droit ouvre aussi les portes des concours administratifs de catégorie B.

BTS Assurance, BTS Professions immobilières, BTS Notariat

Aujourd'hui, trois catégories de métiers laissent leur chance aux titulaires du BTS, à savoir l'assurance, le notariat et les professions immobilières. A chacun de ces secteurs correspond donc une formation d'une durée de deux ans et accessible dès le bac. Ces parcours à la fois spécialisés et professionnalisants sont très appréciés des employeurs et qui plus est accessibles aux bacheliers généraux, mais aussi technologiques. Chacun de ces cursus va proposer une importante partie d'enseignements fondés sur le droit.

Prenons l'exemple du BTS Notariat. La formation se déroule dans un Institut des métiers du notariat, ou encore en lycées publics et privés. Elle va comporter outre des cours de culture, d'expression française et d'anglais un très important contenu en droit général et droit notarial, techniques du notariat ou encore en environnement économique et managérial du notariat. Les douze semaines de stage doivent se dérouler au sein d'offices notariaux.
Il sera ensuite possible de poursuivre en licence professionnelle et de décrocher à bac +4 le diplôme d'un Institut des métiers du notariat (IMN). De quoi travailler ensuite aux côtés d'un notaire.
Ceux qui souhaitent par la suite devenir notaire pourront poursuivre leurs études en master de droit ou décrocher le diplôme de notaire par la voie interne.

De manière plus générale, le BTS est bien souvent suivi d'études complémentaires, licence professionnelle voire plus, pour faciliter l'entrée sur le marché du travail et permettre aux jeunes professionnels d'envisager ensuite des carrières plus évolutives.

Entre DUT et DEUST...

Aussi connu que sélectif, le DUT Carrières juridiques est proposé dans seulement une poignée d'établissements. Très professionnalisant, ce cursus universitaire ne comporte pas moins d'une dizaine de semaines de stage et conduit théoriquement à l'entrée dans la vie active, par exemple comme assistant juridique en cabinet d'avocat, en service juridique d'entreprise voire en banque. Dans les faits, les titulaires de ce diplôme préfèrent souvent prolonger leurs études par une licence générale en droit ou par une licence professionnelle activités juridiques. Le DUT constitue de fait une bonne première étape en vue de ce niveau

de diplôme alors que les premières années universitaires sont souvent marquées par un fort taux d'échec. Autre solution, intégrer une licence professionnelle.
Le DUT Carrières sociales peut aussi mener à des métiers en lien, par exemple, avec la protection judiciaire de la jeunesse (PJJ). Notamment si l'on choisit l'option Éducation spécialisée.
Autre possibilité, tenter d'intégrer un DEUST – diplôme d'études universitaires scientifiques et techniques. Ce cursus universitaire est également professionnalisant. Il consiste en deux années sanctionnées d'un diplôme très bien considéré par le secteur professionnel. Attention, ce parcours est de moins en moins proposé. Il reste un principal DEUST dans le domaine du droit : le DEUST Assistant juridique de l'Université de Valenciennes et du Hainaut-Cambrésis.

Toujours en développement, les licences professionnelles

La licence professionnelle est LE succès universitaire de ces dix dernières années. Très valorisé, ce type de parcours accueille des candidats de niveau bac +2 pour une année d'études très professionnalisantes. A la différence des licences générales, les « LP » sont dispensées à de petites classes et mènent la plupart du temps directement au monde du travail. Ces parcours vont dispenser deux types de formation, soit ultra-spécialisée, soit sectorielle, pour appliquer le droit à un domaine d'activité bien particulier.
Attention cependant : qui dit cursus très prisé dit souvent sélection. Pour intégrer une licence professionnelle de qualité, présentez un bon dossier, et vous n'échapperez pas, bien souvent, à l'entretien complémentaire de motivation. Pour accéder à l'une des dizaines de LP orientées dans le juridique, il vous faudra un BTS ou un DUT à dominante juridique, ou une L2-L3 de même facture. Certaines filières pourront néanmoins accepter des profils plus atypiques, issus de cursus touristiques ou scientifiques. Faites attention néanmoins à bien choisir votre spécialité, car les études que vous allez intégrer vont vous placer sur les rails de professions bien identifiées. Gare aux erreurs d'aiguillage...

Dans ces parcours, préparez-vous à une formation à la fois théorique et pratique, avec douze à seize semaines de stage en milieu professionnel mais aussi des projets tutorés à mener en lien avec des entreprises et cabinets partenaires. Gros point fort des licences professionnelles : leur très fort taux d'intégration dans le monde du travail. A l'exception de la licence professionnelle en notariat dont la suite logique n'est autre que le diplôme des Instituts des métiers du notariat, de niveau bac +4. Certains étudiants peuvent aussi espérer rejoindre un master universitaire de droit. Attention, pour cela, il leur faudra cependant décrocher une licence générale de droit en plus de leur licence professionnelle.

Quelques exemples de licence professonnelle activités juridiques
- La licence professionnelle Assistant juridique (université Lumière Lyon 2, université Picardie Jules-Verne Amiens, université Montpellier 1…).
- La licence professionnelle Droit de l'immobilier (université Via Domitia Perpignan, université de Rouen, université Paris-Est Marne-la-Vallée...).
- La licence professionnelle Etudes territoriales appliquées (université Strasbourg).
- La licence professionnelle Métiers du droit privé (université de Valenciennes et du Hainaut-Cambrésis, université de Bordeaux, université de Perpignan Via Domitia).
- La licence professionnelle Métiers du notariat (université de Strasbourg, institut des métiers du notariat d'Aix-en-Provence, université de Franche-Comté…).
- La licence professionnelle Métiers du droit privé (université de Valenciennes et du Hainaut-Cambrésis, université de Bordeaux, université de Perpignan Via Domitia).
- La licence professionnelle Métiers du notariat (université de Strasbourg, institut des métiers du notariat d'Aix-en-Provence, université de Franche-comté…).
- La licence professionnelle Droit social et ressources humaines (université Paris 8…).

2| LE DROIT, DES ÉTUDES LONGUES

Les quelques cursus courts que nous venons de présenter ne doivent pas faire oublier que le diplôme de référence dans le droit est aujourd'hui le master. Quiconque veut se former aux métiers juridiques et de la justice doit envisager ce seuil comme presque indispensable. D'une part parce qu'il est très recherché par les entreprises et seul capable de vous assurer ensuite une carrière suffisamment évolutive. D'autre part parce qu'il constitue le point de départ indispensable à de nombreuses formations ultérieures spécialisées.
Vous voulez devenir avocat, magistrat, huissier de justice, officier de gendarmerie, commissaire de police, chef d'établissement pénitentiaire ? Comptez au moins cinq voire sept ou huit ans. Bref, le droit, c'est long, mais ça paye !

Tout d'abord la licence...

Si ce parcours en trois ans ne figure pas d'emblée parmi les cursus les plus étendus qui soient, il s'agit pourtant de la porte d'entrée privilégiée vers les études de longue haleine. La période où chaque étudiant, arrivé novice après le bac, va acquérir les bases, le vocabulaire et la méthodologie indispensables, tout en se familiarisant avec les grandes thématiques juridiques. Des prérequis nécessaires pour la suite.

Lors de la première année, volontairement généraliste, l'étudiant s'initie à son nouvel univers, apprend le vocabulaire, le raisonnement et la méthode. Il découvre en même temps les fondamentaux des principales branches du droit : droit constitutionnel, droit privé et droit des personnes, droit de la famille, etc. Des domaines abordés sous le strict plan juridique mais aussi par le biais d'approches historiques. Ne pas oublier les langues, ou encore les sciences politiques. Il va par ailleurs aborder ses premiers textes officiels. Savoir les décrypter, savoir également les rédiger, voilà des travaux difficiles pour le pur néophyte. Pas de panique, l'initiation dure trois ans.

En deuxième année, les cours vont se concentrer sur d'autres domaines tels que le droit administratif, le droit pénal général, ou encore les finances publiques. Des disciplines plus techniques et une orientation qui va se confirmer en troisième année, période ou surviendra la préparation à la poursuite d'études en master. Il s'agira alors de trouver un équilibre entre matières fondamentales et options, plus nombreuses, et de faire le choix entre droit public et droit privé. Gare à ne pas garder un profil trop généraliste, mais attention aussi aux spécialistes trop précoces. A ce moment vont par ailleurs apparaître de nouvelles thématiques comme le droit du travail, ou encore le droit fiscal.

Il existe aujourd'hui des parcours de spécialisation permettant de se diriger, parfois dès la L2, vers des domaines particuliers. De quoi préparer l'entrée en M1.

Aujourd'hui, les études de droit affichent une sélectivité impressionnante puisque le taux de réussite n'est que de 40 % en première année et encore du même ordre entre L2 et L3... Faut-il s'en effrayer ? Non. Sachez en effet que le droit est parfois considéré comme une orientation « par défaut » dans laquelle se dirigent beaucoup d'étudiants pour ne pas avoir à réellement choisir leurs études. L'université requérant beaucoup de méthode et d'autonomie, l'échec est donc important dès les premiers mois. De quoi dédramatiser les statistiques. Attention aussi à prendre le droit pour ce qu'il est : non pas du simple bachotage et de l'apprentissage « par cœur » mais avant tout la compréhension d'un langage et d'un « penser juridique ». C'est de cette manière que chacun pourra ensuite aller directement à l'essentiel dans son travail, en se posant d'emblée les bonnes questions. La méthode, toujours la méthode.

Sachez par ailleurs qu'il existe des « licence bidisciplinaires » permettant aux étudiants intéressés de suivre deux cursus simultanément. Utile lorsque l'on souhaite acquérir une double formation. Il peut s'agir de doubles parcours droit et gestion, droit et histoire de l'art, ou encore de parcours franco-étrangers. Ces programmes peuvent permettre de décrocher parfois un double diplôme (licence de droit et d'histoire de l'art, par exemple), mais qui dit double parcours dit aussi double charge de travail…

Autre cas particulier, la licence AES (administration économique et sociale) peut elle aussi mener au master de droit *via* trois années d'enseignement généraliste, au cours desquelles seront dispensés des cours d'économie, de sciences politiques, de droit, d'anglais ou encore de comptabilité… Le tout plus ou moins mêlé de découverte de l'entreprise. Attention, tous les masters de droit ne sont pas accessibles après une licence AES.

Après cinq ans : le master

Une fois en master, tout change pour l'étudiant puisqu'il va la plupart du temps intégrer une spécialité. Il s'agira dès lors de donner corps au projet professionnel par le biais de stages plus nombreux. Certains parcours seront par ailleurs immédiatement très spécialisés, alors que d'autres se voudront davantage pluridisciplinaires, avant une orientation plus marquée en deuxième année.

Pour accéder au master, il faut être titulaire de la licence en rapport avec la formation envisagée ou passer une sévère sélection sur concours. Face à la forte sélectivité de ces formations, votre meilleur atout sera une bonne cohérence entre les disciplines apprises en licence et la spécialité visée par la suite. Autres éléments que prennent en compte les établissements, la motivation des candidats ou encore le niveau de langues.

Quel cursus viser ? A chaque spécialité son modèle, et elles sont innombrables… Sachez simplement que les formations en droit privé sont plus nombreuses. Si vous décidez d'opter pour cette voie, (droit civil, droit des affaires…) vous serez un « privatiste », à distinguer du « publiciste ». Les appellations vont ensuite varier. Un point important, renseignez-vous bien sur les débouchés de chacun de ces parcours.

Parmi quelques cursus réputés…

Citons :

- Le master Fiscalité internationale (université Paris 2 Panthéon-Assas).
- Le master 221 Fiscalité de l'entreprise (université Paris-Dauphine).
- Le master 2 Droit fiscal (université Paris 2 Panthéon-Assas).
- Le master 2 Fiscalité (université de Bourgogne).
- Le master 2 Gestion fiscale (IAE de Poitiers).
- Le master Droit et pratique des relations de travail (université Paris 2 Panthéon-Assas).
- Le master 2 professionnel Juristes de droit social (université Paris 1 Panthéon-Sorbonne, Ecole de droit de la Sorbonne).
- Le master 2 Carrières juridiques internationales et européennes (UPMF Grenoble 2).
- Le master DPS (Droit de la protection sociale) (université Montpellier 1).
- Le master Juriste d'entreprise spécialité relations de travail (université François-Rabelais de Tours).
- Le master Droit social et gestion des ressources humaines (université Orléans).
- Le master 2 Droit européen des affaires (université Paris 2 Panthéon-Assas).
- Le master Droit du commerce international (université Montpellier 1, faculté de droit et de sciences politiques).
- Le master Juriste d'affaires international et européen (université Lorraine, Faculté de droit, sciences économiques et gestion de Nancy).
- Le master 2 Droit des activités spatiales et des télécommunications (université Paris-Sud, faculté Jean-Monnet).
- Le master 2 professionnel Droit du multimédia et de l'informatique (université Paris 2 Panthéon-Assas).
- Le master 2 Droit des activités numériques (université Paris-Descartes, faculté de droit).
- Le master Droit et management de la culture et des médias (Aix Marseille Université).
- Le master 2/MBA Droit des affaires et de management – gestion (université Paris 2 Panthéon-Assas).

• Le master 2 Droit et ingénierie financière (université Jean-Moulin – Lyon 3 Faculté de droit).
• Le master professionnel Droit des affaires et fiscalité (université Paris 2 Panthéon-Assas).
• Le master Droit, parcours, Droit des affaires -214 (université Paris-Dauphine).
• Le master (M2) mention Droit des Affaires parcours type secteur financier (université de Toulouse Capitole).
• Le master Droit spécialité Droit de l'entreprise et des affaires Pro (Université de Caen Normandie).
• Le master 2 Contrats publics et partenariats (université Montpellier 1).
• Le master 2 Droit de la propriété intellectuelle (université Nantes).
• Le master Droit public spécialité droit des collectivités territoriales et politiques publiques (université Cergy-Pontoise).
• Le master 2 Droit public des affaires (université Jean-Moulin Lyon 3).
• Le master 2 Criminologie (université Paris 2 Panthéon-Assas et Institut de criminologie).
• Le master Criminologie et droit des victimes (université de Pau).

Retenez de cette énumération la grande diversité de libellés et de contenus. Constatez aussi la grande présence des universités parisiennes dans le monde du droit, même si l'on trouve également d'excellents pôles de formation en régions. Autre point, s'il faut distinguer les masters professionnels, censés préparer à l'entrée sur le marché du travail des masters recherche menant plutôt au doctorat, les passerelles entre ces deux diplômes sont chaque année de plus en plus évidentes. Les masters « indifférenciés » sont d'ailleurs nombreux.
Selon votre spécialité, vous pourrez par la suite intégrer le monde de l'entreprise, la fonction publique ou encore des cabinets d'avocats spécialisés. Vous pourrez aussi candidater à des formations professionnelles de type Ecole nationale de la magistrature, centres de formation à la profession d'avocat et autres.

Les DU et DJCE

N'oubliez pas enfin la possibilité de préparer les diplômes d'université ou DU dédiés au droit. Accessibles à divers niveaux, ils permettent de s'essayer à des spécialités parfois pointues : exemple, la criminologie.

Les **DJCE** ou Diplômes de juriste-conseil d'entreprise sont également en vogue auprès des entreprises. Accessibles avec un master 1 de droit en poche, ils se préparent en même temps qu'un master 2 en droit des affaires. Principaux débouchés : avocat d'affaires – après l'école adaptée –, juriste d'entreprise, administrateur judiciaire ou encore mandataire judiciaire. Onze centres universitaires spécialisés en droit proposent le DJCE : Bordeaux, Caen, Cergy, Lyon, Montpellier, Nancy, Paris 2, Poitiers, Rennes, Strasbourg et Toulouse. Attention, là encore, admission très sélective puisque seules 300 places par an sont ouvertes pour environ 1 500 candidatures.

Les diplômes des Instituts d'études politiques

Diplôme immédiatement monnayable sur le marché du travail mais aussi tremplin vers les écoles spécialisées, les masters des instituts d'études politiques (IEP) sont d'autres voies à ne pas négliger lorsque l'on veut se lancer dans l'univers du droit. Ils sont par ailleurs de très bons prérequis avant de tenter les grands concours de la fonction publique.

Au nombre de dix, les IEP sont à ranger en deux catégories, Sciences Po Paris, fondation privée, et les IEP de régions, qui dépendent de l'Université. Accessibles post-bac mais aussi à certaines étapes du cursus, ces établissements sont très sélectifs. Si l'Institut d'études politiques de Paris et les IEP de Grenoble et de Bordeaux sont accessibles *via* des concours indépendants, les instituts d'Aix, Lille, Lyon, Rennes, Saint-Germain-en-Laye, Strasbourg et Toulouse proposent eux un examen d'entrée commun. Au programme, cinq années maximum volontairement généralistes au départ avant le cycle de spécialisation d'une durée de deux ans. Principaux enseignements : le management, la gestion, beaucoup de culture générale et bien sûr du droit. De quoi viser ensuite l'entreprise mais aussi préparer les grands concours administratifs et autres formations professionnelles. Par exemple l'Ena, voire les Ira – Instituts régionaux de l'administration –, l'Ecole nationale de la magistrature voire l'Ecole nationale supérieure de la police.

3| LES ÉCOLES PROFESSIONNELLES SPÉCIALISÉES

Beaucoup de métiers ne sont accessibles que *via* des filières étroites et des écoles bien identifiées. Administration pénitentiaire, hauts fonctionnaires de police, magistrats, avocats, autant de professions dont les études se déroulent en deux parties : cursus de droit de quatre à cinq années, puis école spécialisée. Quelques filières recrutent cependant dès le bac +2. Ensuite, place à des études très pratiques et professionnalisantes, avec un peu de théorie mais surtout beaucoup de stages et de formation concrète sur le terrain.

Si le cap minimum pour intégrer ces institutions se révèle de plus en plus haut placé – master 1, master 2... –, bien des étudiants préfèrent avant de candidater à ces écoles passer par une prépa. Il peut tout d'abord s'agir d'un Institut d'études judiciaires (IEJ). Cette structure dépendant de l'Université est très connue des étudiants en droit et propose une année essentiellement théorique mais aussi de préparation stricte au processus des concours. Ces IEJ sont ouverts aux étudiants dotés d'un master 1 de droit.
Comme l'heure est à la surenchère en prépa comme partout ailleurs, nombre d'étudiants s'inscrivent en IEJ en même temps qu'en prépa privée. Les coûts ne sont bien sûr pas les mêmes dans ces deux types d'établissements, de quelques centaines à quelques milliers d'euros pour l'année.
A noter que certains établissements disposent depuis quelques années de leurs propres classes préparatoires intégrées. C'est par exemple le cas de l'Ecole nationale de la protection judiciaire de la jeunesse ou encore de l'Ecole nationale de la magistrature. Il s'agit d'excellentes périodes d'apprentissage, même si la réussite au concours d'entrée ultérieur n'est pas assurée au sortir de ces établissements.
Parmi les formations possibles, retenez...

Enap (Ecole nationale d'administration pénitentiaire)

C'est le seul établissement de formation initiale pour quiconque voudra travailler dans le monde pénitentiaire : personnels de surveillance, direction, conseillers d'insertion et de probation, administration, personnel technique, etc.

Accessible dès le bac +2 (DUT Carrières sociales par exemple) pour les premières formations, l'institution est située à Agen. Elle s'occupe également de la formation continue de personnels déjà en activité.

La formation initiale est répartie entre cinq grandes unités de formation :

- l'unité de formation des directeurs ;
- l'unité de formation des lieutenants et premiers surveillants ;
- l'unité de formation des surveillants ;
- l'unité de formation des conseillers pénitentiaires d'insertion et de probation ;
- l'unité de formation des personnels techniques, administratifs et catalogue de la formation continue.

Si les cursus vont bien sûr diverger en fonction des filières, le principe reste à chaque fois le même : une formation théorique pour mieux connaître le milieu carcéral mais aussi savoir s'adapter à cet environnement, complété de nombreux stages en institution pénitentiaire, voire au sein d'institutions partenaires pour bien comprendre la chaîne judiciaire et les liens avec les autres administrations.

Pour intégrer le programme de directeur d'établissement pénitentiaire de l'Enap, il faut ainsi disposer d'un bac +5 ou être titulaire d'un diplôme d'IEP. La formation durera deux ans. La formation se déroule en alternance entre périodes en école et stages en directions interrégionales de l'administration pénitentiaire, établissements pénitentiaires, administration centrale et autres institutions françaises et étrangères. Le nouvel intégré sera, dans un premier temps, « élève directeur » avant de parvenir au rang de « stagiaire ».

ENM (Ecole nationale de la magistrature) en 6 questions

Extrêmement connue, l'Ecole nationale de la magistrature forme, comme son nom l'indique, l'ensemble des magistrats de l'ordre judiciaire. Un parcours de trente et un mois fait de théorie, mais aussi et surtout de pratique.

• **Comment peut-on accéder à l'ENM ?**

Située à Bordeaux pour la formation initiale et Paris pour ses activités de formation continue, l'ENM est principalement accessible par le biais de trois concours. Le premier concours est ouvert aux titulaires de master 1 jusqu'à la limite de 31 ans. Il s'agit d'un concours en deux étapes, l'admissibilité faisant la part belle aux connaissances en droit via un concours écrit. Les admissibles se verront ensuite proposer des épreuves majoritairement orales.

A ce stade, la motivation dont feront preuve les candidats sera également déterminante.

Il existe, par ailleurs, deux autres concours d'entrée, pour les fonctionnaires mais aussi pour les juristes du privé. Un concours complémentaire peut également survenir certaines années. Il existe également une admission sur titre.

Sont également acceptés au concours, les anciens élèves des ENS. Attention, le concours est particulièrement difficile et fait la part belle aux surdiplômés puisque, dans les faits, les admis sont souvent titulaires d'un M2.

Trois classes préparatoires spécifiques ont, par ailleurs, été créées en 2008 qui envoient désormais plusieurs élèves chaque année à l'ENM et élèvent encore un peu plus la barre d'admission.

L'école a recruté en 2015 280 auditeurs de justice, dont 215 pour le premier concours. Des chiffres en très forte progression depuis quelques années. A titre de comparaison, il n'y avait que 180 places ouvertes en 2011, dont 138 au 1er concours.

• Quel est le principe de formation de l'ENM ?

L'ENM est l'école professionnelle qui forme les magistrats français. Non pas une école de droit, mais une institution où l'on fait d'un étudiant un professionnel maîtrisant les règles du droit et leur application. Accessible sur concours ou par admission parallèle, l'ENM propose trente et un mois de formation, 70 % de ce temps se déroulant en stage.

Pour résumer, le cursus se compose tout d'abord d'une période d'accueil de 3 semaines, presque immédiatement suivie du stage avocat, d'une durée de 21 semaines... Il permet au jeune auditeur de découvrir la pratique des droits de la défense devant l'ensemble des juridictions.

Suivra une période d'études d'environ 27 semaines où l'on va expliquer aux auditeurs de justice le travail du magistrat – comment rédiger un acte pénal, comment présider une audience, comment s'adresser à un justiciable ou encore ce qu'est l'éthique.
Ce module sera ensuite complété de plusieurs autres stages : stage en service d'enquête, stage pénitentiaire en milieu fermé, stage juridictionnel, stage pénitentiaire en milieu ouvert, ou encore stage extérieur, pour des durées de 2 à 5 semaines.

• En quoi le stage juridictionnel consiste-t-il ?

Survenant en deuxième année, ce stage va proposer à l'auditeur trois à six semaines d'exercice au sein de chacune des fonctions qu'il sera susceptible d'occuper plus tard : juge des enfants, juge de l'application des peines, substitut, etc. De quoi se trouver confronté au quotidien à de vraies problématiques de justice, en face de vrais justiciables, et sous le regard d'un maître de stage.

Une fois ce stage achevé, les auditeurs terminent leur cursus de plus courtes périodes de stage PJJ, stage extérieur (en administration déconcentrée de l'Etat, ou en collectivité locale, ou encore en entreprise).

Les six derniers mois de formation sont consacrés à la phase de préparation à l'exercice des premières fonctions. Il s'agit tout d'abord d'une préparation théorique de six semaines puis viendra un stage de préparation à la prise de fonction. 9 épreuves jalonnent la formation. L'examen final donne lieu à un classement par ordre de mérite.

• Quelles sont les valeurs portées par la formation de l'ENM ?

L'objectif de l'école est clair : impartialité, indépendance, écoute et respect.

Dans le détail, le magistrat doit aujourd'hui maîtriser treize compétences fondamentales :
- s'approprier et mettre en œuvre les règles de déontologie,
- analyser et synthétiser une situation ou un dossier,
- identifier, respecter et garantir un cadre procédural,
- s'adapter aux situations,
- adopter une position d'autorité ou d'humilité selon les circonstances,
- pouvoir s'inscrire dans une relation d'écoute et d'échange,
- préparer et conduire une audience dans le respect du contradictoire,
- pouvoir susciter un accord et concilier,
- pouvoir prendre une décision fondée en droit et en fait, inscrite dans son contexte, empreinte de bon sens et exécutable,
- motiver et expliquer une décision,
- prendre en compte un environnement institutionnel national et international,
- travailler en équipe,
- organiser, gérer et innover.

• Comment l'affectation des auditeurs de justice se déroule-t-elle ?

Chaque auditeur est évalué tout au long de son parcours.
L'examen final d'aptitude et de classement donnera lieu à un classement par ordre de mérite, à partir duquel le futur magistrat pourra choisir sa première affectation sur liste du ministère de la Justice.

De quoi déterminer l'aptitude à devenir magistrat et permettre de choisir le premier poste. En pratique, 95 % des auditeurs sortent avec des fonctions de magistrat.

A l'issue des 31 mois de formation à l'ENM et en juridiction, l'auditeur de justice peut être nommé à huit fonctions :
- juge du tribunal de grande instance ;
- juge d'instance ;
- juge d'instruction ;
- juge des enfants ;
- juge de l'application des peines ;
- substitut du procureur de la République ;
- substitut placé auprès du procureur général ;
- juge placé auprès du premier président.

Ils pourront enfin, pendant leurs cinq derniers mois, se spécialiser dans la fonction où ils auront été affectés. A signaler qu'il n'y a pas vraiment de tendance lourde à la sortie de l'ENM.

ENPJJ (Ecole nationale de protection judiciaire de la jeunesse)

Fondée en 2008 et située à Roubaix, cette école prend en charge la formation des directeurs et des éducateurs de la protection judiciaire de la jeunesse. Accessible généralement à bac +2, elle consiste en deux années de formation composée à la fois d'enseignements théoriques mais aussi de stages dans les établissements et services relevant de la PJJ.

ENG (Ecole nationale des greffes)

Sise à Dijon, cette école forme les secrétaires et adjoints administratifs mais également les greffiers-greffières et les greffiers en chef. Aux greffiers est proposée une formation de dix-huit mois, pendant lesquels alternent périodes de découverte, de scolarité mais aussi stages pratiques, d'approfondissements professionnels, et six mois de mise en situation professionnelle. Les greffiers stagiaires sont rémunérés à hauteur de 1 560 euros par mois environ.
Les greffiers en chef suivront eux aussi dix-huit mois d'études faites de stages et d'enseignements théoriques puis treize semaines de « préaffectation ». L'indemnisation d'un greffier en chef stagiaire est de l'ordre de 1 810 euros par mois.
Théoriquement ouverte aux diplômés de bac +2 pour les futurs greffiers, bac +3 pour les greffiers en chef, elle accueille en réalité beaucoup de titulaires de masters de droit. Attention, il y a une forte sélection à l'entrée.

En fin d'études, les élèves choisiront leur future affectation en fonction de leur classement de sortie.

IMN (Institut des métiers du notariat)

Déjà évoqués plus haut, les IMN (Instituts des métiers du notariat) forment les collaborateurs de notaires.

Si les formations peuvent varier légèrement d'un établissement à l'autre, on retrouve cependant des constantes, à savoir quatre années d'études démarrant niveau bac. Deux premières années en BTS Notariat, puis suivra une année de licence professionnelle en université dans les métiers du notariat, en partenariat avec un IMN avant la quatrième année décisive qui mène au diplôme. Accessible en priorité aux titulaires de la licence pro précitée, cette dernière année peut également concerner des candidats externes titulaires d'une L3 ou d'un master 1 en droit.

Cette quatrième année consistera en une formation d'une année en alternance faite d'enseignements techniques et pratiques délivrés à l'Institut des métiers du notariat et de mises en situation en office notarial.
En fin d'études, sera délivré le DIMN (Diplôme de l'institut des métiers du notariat).

Ceux souhaitant devenir notaires à proprement parler pourront ensuite envisager deux grandes voies de formation :
• tout d'abord la voie universitaire, M2 professionnel en droit notarial puis deux ans en alternance entre centre de formation et un office notarial de manière à décrocher le DSN (diplôme supérieur de notariat) ;
• ou bien une voie plus professionnelle, à savoir un an de formation en Centre de formation professionnelle notariale (CFPN, entrée *via* un M1) pour obtenir le diplôme d'aptitude aux fonctions de notaire puis deux années de stage en office.

ENSP (Ecole nationale supérieure de la police)

Depuis début 2013 sont réunies l'Ecole nationale supérieure de la police (ENSP) et l'Ecole nationale supérieure des officiers de police (Ensop). La nouvelle ENSP forme désormais à la fois les commissaires et les officiers de police.

Recrutés pour moitié par concours externe ouvert aux titulaires d'un master 2 et pour moitié par voie interne (concours, voie d'accès professionnelle...), les futurs commissaires de police suivront deux années de formation sur le site de Saint-Cyr-au-Mont-d'Or. Le parcours débute par une phase « socle » de dix-huit mois dont huit mois de stages en services opérationnels et des épreuves professionnelles. Suivront six mois d'adaptation à l'emploi, à savoir un stage puis une période finale de préparation à la prise de poste pendant six semaines. A noter la création d'une « prépa-commissaire » pour faciliter l'accès au concours d'entrée à des jeunes issus de milieux sociaux défavorisés.

La formation des officiers de police – lieutenant, capitaine, commandant de police – durera pour sa part dix-huit mois dont six mois de stages dans les services de la police nationale. Elle s'organisera autour de trois grandes missions : commandement opérationnel, management des équipes, gestion des ressources matérielles et financières. Le candidat doit être titulaire d'une licence ou équivalent.

Les EDA (Ecoles d'avocat) ou CRFPA

Il existe aujourd'hui onze EDA en France ouverts à des candidats titulaires au minimum d'un master 1 en droit, mais la plupart des admis disposent de fait d'un M2. Ils sont accessibles sur concours. Trois tentatives possibles, mais il y a une très forte sélection à l'entrée. C'est pourquoi existent de nombreuses classes préparatoires dont les fameux IEJ ou Instituts d'études judiciaires.

D'une durée de dix-huit mois, la formation en EDA consiste en six mois de théorie, six mois consacrés à un projet pédagogique individuel et six mois de stage en cabinet d'avocats. A noter que près de la moitié des jeunes avocats français sortent chaque année de l'Ecole française du Barreau ou EFB, EDA rattaché aux barreaux dépendants de la cour d'appel de Paris. A l'issue de leur formation, les avocats décrochent le CAPA ou Certificat d'aptitude à la profession d'avocat.

Ils pourront ensuite prêter serment et demander leur inscription au tableau de l'Ordre.

Le Master of laws

Autre cursus à ne pas ignorer, le **Master of laws** ou LL.M fait aujourd'hui partie des diplômes les plus populaires parmi les étudiants et les professions de droit.

Proposé en divers endroits de par le monde, le LL.M est bien sûr encore plus coté aux Etats-Unis et en Grande-Bretagne où il s'intègre suite à un master de droit ou après le diplôme d'avocat. D'une durée d'un an, ces formations permettent de découvrir l'environnement et les pratiques juridiques du pays *via* des enseignements généralistes ou plus spécialisés.

Principal atout de ces diplômés, la culture très internationale qu'ils permettent d'acquérir, et un bien meilleur niveau linguistique, atout essentiel dans un domaine aussi technique que le droit. Attention cependant, ces études peuvent coûter horriblement cher, jusqu'à 40 000 euros dans les établissements les plus réputés. Il sera par ailleurs difficile aux jeunes Français titulaires du LL.M de se faire une place dans leur nouveau pays d'accueil où les formations purement nationales restent préférées. Un conseil, dans tous les cas : choisissez bien votre établissement, ces diplômes ne se valent pas tous.

PARTIE IV

LA RECHERCHE D'EMPLOI

Les techniques de recherche d'emploi développées dans cette partie sont destinées à tout type de recrutement. Certains métiers du droit ne sont néanmoins accessibles que par des concours administratifs comme pour les magistrats ou les commissaires. Lors de ces concours, il y a fréquemment des entretiens face à un jury. Certains aspects abordés sont parfaitement adaptés à ce type d'exercice comme les réalisations probantes, les questions à poser, etc.

A noter : cette partie est plus appropriée aux candidats qui cherchent un emploi dans le domaine privé que dans le secteur public.

1| LES FONDAMENTAUX DE LA RECHERCHE D'EMPLOI

Vous connaissez peut-être la citation pleine d'humour du général de Gaulle concernant les chercheurs : « *Des chercheurs qui cherchent, on en trouve. Des chercheurs qui trouvent, on en cherche.* » On peut malheureusement faire le parallèle avec la recherche d'emploi. Il y a beaucoup de prétendants mais peu d'élus décrochent un travail ; cela tout particulièrement sur le marché de l'emploi actuel.

Il existe une raison principale – si l'on met à part celles du niveau d'études et de l'expérience –, c'est tout simplement que les étudiants sont peu formés à la recherche d'emploi. L'objectif de leur cursus est surtout axé sur l'apprentissage de différentes matières, mais pas suffisamment sur comment se vendre à un futur employeur, sur les techniques de recherche d'emploi et notamment sur l'utilisation du réseau. Afin de se donner le maximum de chances, il est nécessaire de professionnaliser sa recherche d'emploi au même titre et au même niveau que les techniques apprises lors de ses études. C'est la pierre angulaire d'une recherche aboutie.

Voici quelques questions fondamentales qu'il faut se poser avant de se lancer dans une démarche de recherche d'emploi, que l'on soit sans emploi ou en poste avec le souhait de changer d'employeur.

Comment s'assurer de se lancer dans une démarche gagnante ?

Il faut construire un véritable projet professionnel. Le marché de l'emploi est difficile. Seules les personnes qui élaborent un projet s'offrent le plus de possibilités. Les autres sont plus dépendantes du coup de chance ou perdent du temps.

Les questions à se poser sont les suivantes : qu'ai-je envie de faire ? Quel est l'état du secteur dans lequel je veux travailler ? Quelles sont mes compétences ? Quels sont les objectifs que je veux me fixer ? Mon profil actuel est-il attractif pour un employeur ? Quelles sont les qualités qui me distinguent ?, etc.

Vous l'avez compris, pour savoir où vous voulez aller, il faut savoir d'où vous partez et comment vous allez arriver à votre objectif.
Cette démarche est importante. En effet, de nombreuses personnes perdent un temps précieux en début de recherche car elles n'ont pas d'objectif précis. Leur recherche est basée sur une grande part de hasard qui leur échappe. Lorsque l'on sait où l'on veut aller et comment, la tâche n'est pas forcément plus simple, mais au moins, toute l'énergie est concentrée dans une seule direction pour atteindre l'objectif sans s'éparpiller.
Le second avantage est qu'en cas de difficulté, il est toujours possible de changer de but. Vous vous serez donné le maximum de chances de décrocher votre premier choix sans aucun regret.

Comment se donner le maximum de chances pour prospecter ?

La méthode la plus efficace est celle qui est la moins employée. C'est paradoxal, mais cette méthode, dont vous attendez impatiemment de lire le nom, n'est pas naturelle pour la majorité d'entre nous. Il s'agit de la démarche réseau.

Pourquoi tant de personnes ne l'utilisent-elles pas ? C'est peut-être à cause du nom qu'elle porte ; en effet, le mot « réseau » sous-entend que vous disposez d'un vivier de personnes dans votre entourage prêt à vous proposer un job intéressant. Or la démarche réseau n'est pas exactement le contraire, mais ce n'est pas loin. Il s'agit bien évidemment d'utiliser ses connaissances, mais surtout de rebondir de rendez-vous en rendez-vous pour réussir à décrocher un job.
Le second point important est le discours qui doit être utilisé lors des rencontres. Vous ne devez surtout pas demander un travail lors de ces rendez-vous. Il est nécessaire de construire une approche ciblée et pertinente : vous êtes là pour vous renseigner sur un secteur ou un métier,

tout en vous montrant sous votre meilleur jour. Vos interlocuteurs ne sont pas dupes, s'ils sont en cours de recrutement et que vous les intéressez, ils vous le diront. S'ils connaissent un proche qui cherche une personne qui a votre profil, ils vous mettront en relation avec elle.

Comment maintenir ses efforts dans le temps ?

Le temps est un élément important à gérer lors de votre recherche. La question à laquelle le chercheur d'emploi doit faire face et à laquelle il ne peut jamais échapper est : « Depuis quand êtes-vous en recherche d'emploi ? » Au fil des semaines et des mois, cette question devient un indicateur de votre réussite, et ce, surtout pour les autres. Cette interrogation récurrente va se révéler pesante si votre quête s'éternise.

Pour ces raisons, il est important de s'entourer de personnes qui vivent la même situation que vous. Cela permet d'échanger sur les succès et les échecs de sa recherche. Il existe dans de nombreuses associations d'anciens d'écoles des groupes de chercheurs d'emploi qui se réunissent régulièrement pour s'entraider. C'est un appui précieux qu'il ne faut pas négliger. Retenez qu'il ne faut surtout pas rester isolé. Peu importe si les personnes rencontrées ne recherchent pas dans le même secteur que vous. L'important est d'échanger sur votre aventure et sur vos vécus de « trouveur » d'emploi.

Comment gérer son entourage proche ?

Lorsque vous cherchez un travail, votre entourage proche est généralement informé de votre démarche. Cet entourage, qui se révèle un soutien dans de nombreuses situations, va devenir avec le temps un poids. Pourquoi ? On sait qu'une recherche d'emploi est fréquemment un parcours long, qu'il n'est pas rare de chercher pendant six, douze, dix-huit mois. Les marques d'attention qui consistent à vous demander où vous en êtes dans vos recherches vont au fil du temps finir par vous énerver. Vos proches – vos parents, votre compagnon, votre compagne, des amis – vont finir par se dire : « Que fait-il ? », « Il ne trouve pas de travail ». Seuls ceux qui ont été confrontés à une recherche d'emploi dans un marché difficile sauront ce que vous vivez. Pour les autres, votre recherche restera très théorique.

Par conséquent, il vous faut garder à l'esprit que votre entourage proche, malgré tout le bien qu'il pense de vous, est à gérer avec doigté, afin qu'il ne devienne pas un fardeau et une source de conflits. Vous trouverez tout l'intérêt d'intégrer un groupe de chercheurs d'emploi comme soutien. Cela vous aidera à conserver votre motivation et cela vous évitera de trop vous confier à votre entourage familial ou amical.

Pourquoi est-il important de faire des stages ?

Même si cela peut sembler antinomique, les recruteurs cherchent des jeunes diplômés ou des juniors ayant déjà de l'expérience. C'est pour cela qu'il est important de faire des stages dès le plus jeune âge. L'apprentissage est également un très bon moyen pour se construire un parcours tout en suivant ses études. Les étudiants qui sortent de ces filières sont opérationnels et ont déjà été confrontés à la réalité de l'entreprise. Ce sont en général de bonnes recrues pour les sociétés. Les candidats qui peuvent donc présenter le maximum de stages ou une expérience d'apprentissage sont particulièrement appréciés par les recruteurs. C'est un vrai plus sur un CV.
Dernier avantage, celui-ci pour vous : un stage permet d'approcher un métier ou un secteur d'activité. Occuper un poste pendant un mois, deux mois, six mois ou plus vous donnera assez d'éléments concrets pour savoir si vous voulez continuer dans ce domaine ou en changer.

Qu'en est-il de la réalité du terrain dans la recherche d'emploi ?

Le tableau ci-contre donne un aperçu de la durée écoulée entre la sortie de la formation initiale et l'accès à l'emploi. S'il y a un enseignement à tirer de cette statistique, c'est qu'il est préférable de continuer ses études le plus longtemps possible, même s'il n'est pas facile d'entrer dans la vie active également avec un diplôme de haut niveau.

Cette statistique montre des éléments intéressants :
• plus le niveau d'étude est élevé plus le taux de chômage est bas ;
• le taux de chômage est quasiment équivalent entre les hommes et les femmes ;
• le taux moyen de chômage à la sortie des études est de 20 %, avec un pic à 45 % pour les diplômes les plus modestes.

Taux de chômage selon le diplôme, le sexe et la durée écoulée depuis la sortie de formation initiale (en %) en 2011

	Sortis depuis un à quatre ans de formation initiale	Sortis depuis cinq à dix ans de formation initiale	Sortis depuis onze ans et plus de formation initiale
Ensemble	19,1	11,4	7,2
Hommes	19,2	11,3	6,8
Femmes	19,0	11,6	7,7
Enseignement supérieur, dont :	9,4	5,2	4,1
• enseignement supérieur long[1]	9,3	5,2	4,2
• enseignement supérieur court[2]	9,7	5,2	4,0
Bac, CAP-BEP et équivalents, dont :	22,1	13,1	6,5
• baccalauréat	18,4	11,2	5,7
• CAP-BEP	27,5	15,9	6,9
Brevet, CEP et sans diplôme	45,7	29,5	11,9

Source : Insee, enquêtes Emploi.

1 : notamment licence, master, doctorat, écoles de commerce et d'ingénieurs.
2 : notamment DUT, BTS, Deug, diplômes paramédicaux et sociaux.
Lecture : en 2011, le taux de chômage (au sens du Bureau international du travail, BIT) des hommes sortis depuis un à quatre ans de formation initiale est 19,2 %.
Champ : actifs sortis de formation initiale en France métropolitaine depuis un an ou plus.

Que faut-il savoir sur les métiers du droit ?

Selon le site métiers.net, les métiers du droit sont nombreux et variés et regroupent plus de 150 000 personnes. Ils sont segmentés en trois familles.

En premier lieu, la machine judiciaire, qui regroupe près de la moitié des professionnels du droit, est composée de fonctionnaires de l'Etat, rattachés au ministère de la Justice.

Ensuite, il y a les auxiliaires de justice qui ne sont pas des fonctionnaires mais qui participent activement au bon fonctionnement.

Pour terminer, il existe de nombreuses autres professions qui font du droit leur activité principale : expert judiciaire, avocat, priseur, juriste, etc. Ces métiers sont largement tournés vers le conseil et l'accompagnement.

Les univers dans lesquels exercent tous ces professionnels du droit sont très différents et sont à prendre en considération dès le choix d'orientation :

- en cabinet, en étude : huissier de justice, administrateur judiciaire, mandataire judiciaire, notaire, etc. ;
- au tribunal : juge d'instruction, substitut du procureur, juge des enfants, etc. ;
- au commissariat, en prison : commissaire de police, gendarme enquêteur, etc. ;
- en entreprise : fiscaliste, juriste d'entreprise, etc.

2| COMMENT ÉLABORER UN PROJET PROFESSIONNEL ?

Si vous commencez votre carrière professionnelle, il n'est pas forcément utile d'être accompagné dans votre démarche d'élaboration de projet professionnel. Dans la majorité des cas, vous chercherez un emploi dans le prolongement de votre formation. C'est surtout avant de choisir votre cursus qu'il est important de vous faire aider pour faire votre choix. En effet, il n'est pas évident dès l'âge de 17 ou 18 ans d'avoir une idée précise de ce que l'on souhaite faire. Il existe des conseillers d'orientation pour vous aider à déterminer vos choix. Vous pourrez les trouver dans les lycées, mais le métier de conseiller d'orientation se développe de plus en plus dans des structures privées pour aider les jeunes à s'orienter. Le fait que ce service soit payant peut être un frein ; sachez qu'il se révèle la plupart du temps efficace.

Si vous avez cinq, six ou sept années d'expérience et que vous vous posez des questions sur votre avenir, un regard extérieur sera bénéfique. Les choix professionnels, passés la trentaine, sont importants. A cet âge, il est possible de changer de direction (changement de secteur d'activité ou de métier) sans difficulté, ce qui sera plus difficile dix ou quinze ans plus tard.
Vous faire aider pour dresser un bilan de votre parcours et de vos envies peut vous soulager du choix de la méthode à employer et vous garantir une prise en main. Vous pouvez ainsi vous concentrer sur le fond. En outre, un conseiller, un consultant ou un *coach* vous aidera à vous poser les bonnes questions. Il n'est pas là pour y répondre mais pour vous faire avancer et accoucher de votre bilan. De celui-ci découleront des pistes d'évolution professionnelle.

L'élaboration d'un projet professionnel repose sur six parties bien distinctes mais qui doivent être totalement cohérentes et interdépendantes :

- votre parcours professionnel ;
- votre formation ;
- vos réalisations probantes ou significatives ;
- vos caractéristiques professionnelles ;
- vos envies, votre vision ;
- les secteurs d'activité et les entreprises ciblés en lien avec vos choix ;
- la synthèse de votre projet professionnel, le SWOT.

Cet exercice n'a de sens que si vous le réalisez de manière sincère, réaliste et honnête.

Le travail sur votre projet est important et demande un investissement qui ne doit pas être sous-estimé. De cet exercice découlera votre projet professionnel avec les outils indispensables à une recherche, un CV, une lettre de motivation, un *pitch* pour se présenter, des réalisations probantes, etc.

Votre parcours professionnel

L'objectif est de passer en revue votre parcours sans oublier la moindre expérience, aussi courte soit-elle. A ce stade, ne vous attachez pas à la forme. Il s'agit uniquement d'un outil de travail.
Le mot « parcours » s'entend au sens large : expérience professionnelle, engagement dans une activité personnelle, pratique d'un sport de compétition, passion en lien avec le métier recherché, etc.

Le plus simple est de créer un tableau pour récapituler votre parcours, en partant de votre dernier emploi et en remontant dans le temps.

Entreprise	Employeur 1	Employeur 2	Employeur 3...
Date			
Poste occupé/service			
Salaire/avantages			
Principales missions			
Compétences acquises			
Cause du changement			
Niveau de satisfaction			

Le niveau de satisfaction est le reflet de votre perception du poste occupé dans une entreprise selon les critères suivants : ambiance générale, relations avec vos collègues, relations avec votre hiérarchie, conditions de travail au niveau matériel, intérêt des missions confiées, etc.

Votre niveau de satisfaction peut être noté de 1 à 5 :
1 : intenable, usant
2 : insatisfaisant
3 : convenable
4 : satisfaisant
5 : très satisfaisant
6 : excellent

Ce travail récapitulatif de votre parcours sera utile plus tard pour rédiger votre CV.

Votre formation

Cette deuxième partie du bilan est destinée à récapituler les formations que vous avez suivies tout au long de votre vie : formation initiale, formation continue, etc.

- La formation principale (si jamais votre université ou votre école a changé de nom, indiquez le nom d'origine et le nouveau nom).
- Les formations que vous avez pu suivre au cours de votre vie professionnelle. Ne retenez que les formations qui datent de moins de cinq ans. Passé ce délai, elles peuvent être considérées comme obsolètes.
- Les certifications professionnelles.
- Les stages (moins de cinq ans).
- Le permis de conduire en précisant pour quel type de véhicule si cela est important dans votre métier ou dans votre future fonction.

Vos réalisations probantes ou significatives

Cette partie est de loin la plus importante et cela pour plusieurs raisons. Les réalisations probantes sont des épisodes de votre expérience professionnelle pour lesquels vous estimez avoir obtenu de bons résultats, dont vous avez été fier et que votre hiérarchie a également appréciés. Ces expériences doivent également montrer la manière dont vous fonctionnez. Ces réalisations seront précieuses pour démontrer concrètement vos compétences lors de vos futurs entretiens d'embauche.

Réfléchissez donc aux missions, aux « exploits » que vous avez réalisés. A titre d'exemple, il peut s'agir d'un problème important que vous avez réglé en quelques heures, laps de temps durant lequel vous avez pris les bonnes décisions ; ou bien un projet que vous avez mené sur plusieurs semaines ou plusieurs mois. L'objectif est de démontrer de quelle façon vous avez pris la situation en main pour obtenir un résultat probant.
Attention, il ne s'agit surtout pas de tomber dans la caricature en exagérant votre rôle et l'importance de vos missions. En revanche, n'hésitez pas à vous mettre en avant, avec un minimum de mise en scène.

D'ailleurs, une réalisation probante se raconte à la première personne. C'est indispensable, car si vous donnez à un recruteur l'exemple d'une de vos actions en disant « on » ou « nous », tout votre discours perd de sa force et le recruteur est en droit de se demander si c'est vraiment vous qui avez mené l'action.

La rédaction de vos réalisations vous servira également à évaluer les réalisations que vous avez préférées ou moins aimées. C'est un moyen de vous orienter dans vos futurs choix.
Le fait d'écrire vos réalisations vous aidera à poser des mots sur vos expériences et vous permettra de réfléchir précisément à ce que vous avez fait, vécu et ressenti. Il est nécessaire d'accorder une grande importance à la rédaction et au contenu de vos réalisations. Donnez-vous le temps de vous concentrer sur cette partie.

Voici un modèle de tableau pour rédiger vos actions probantes.

Pitch **(résumé en une phrase)**	En tant que juriste, j'ai élaboré le projet de contrat de rachat d'un fonds de commerce.
Circonstances **(où, quand, fonction)**	J'étais responsable juridique au sein du groupe MARTIN.
Situation **(problème, données, objectifs)**	J'ai constaté que le groupe de travail en charge du rachat était bloqué. Les négociations s'enlisaient entre notre société et le vendeur.
Analyse	Le modèle de contrat était lourd et contraignant. Il n'était pas adapté à ce type de négociation.
Action	J'ai consulté notre cabinet d'avocats spécialisés dans les fusions/acquisitions afin de trouver des solutions acceptables par les deux parties.

Résultat	Les négociations étaient bloquées depuis plusieurs semaines. Elles ont été relancées. Les deux parties sont reparties sur une base commune plus simple et allégée tout en respectant l'esprit des parties. La confiance a été rétablie.
Compétences Connaissances	J'ai mis en œuvre mon sens de l'analyse. J'ai fait preuve de psychologie en prenant conscience que le contrat bloquait les négociations car il entretenait un climat de suspicion par des clauses trop contraignantes et peu adaptées.
J'ai aimé Je n'ai pas aimé	J'ai aimé échanger avec le vendeur et porter un regard extérieur sur la négociation. Je n'ai pas aimé les tensions au début du projet entre les parties.

Il est important de disposer d'un minimum de dix réalisations probantes pour faire ressortir toutes les missions qui vous paraissent pertinentes par rapport à votre parcours. L'idéal est de disposer d'une quinzaine de réalisations afin de couvrir l'éventail de son propre champ d'action.

Lorsque vous avez rédigé vos réalisations, reprenez vos compétences et vos connaissances afin de les classer et de les hiérarchiser.
Il faut bien distinguer les mots « compétences » et « connaissances » : la compétence est l'aptitude à mettre en pratique des connaissances et/ou un savoir-faire et/ou des qualités personnelles.
A titre d'exemple, un professeur d'anglais connaît une langue étrangère. Sa compétence est de transmettre son savoir à des étudiants. Et c'est sur ce savoir-faire qu'il est principalement évalué par son auditoire. Il en est de même pour vous. Vous avez des connaissances et l'entreprise attend de votre part que vous les mettiez à disposition dans les missions que l'on vous confie.

Il est important de faire le point sur vos connaissances (je connais, je sais, etc.) surtout dans le domaine du droit et sur vos compétences (je sais faire, je sais mettre en œuvre, je peux, je pratique, etc.). Pour cela, classez-les et hiérarchisez-les pour en faire l'inventaire.

Vos caractéristiques personnelles, « MOI »

Cette rubrique va vous demander un travail sur vous-même. L'objectif est de lister vos qualités, vos points à améliorer, votre motivation et vos envies. Il faut faire cet exercice sous deux prismes : l'un sous votre regard et le second sous le regard des autres. Il est intéressant d'interroger votre entourage personnel et professionnel pour alimenter votre réflexion.

Les principales questions auxquelles il faut répondre :
- Quelles sont mes qualités professionnelles ? Exemples : la disponibilité, le sens du travail en équipe, la capacité d'écoute, la rigueur, l'autonomie, etc.
- Quels sont mes points d'amélioration ?

Concernant votre motivation, il faut en déterminer les principaux moteurs. Cela peut être le confort, la sécurité, la réussite sociale, la reconnaissance de la hiérarchie, la proximité du lieu de travail, le niveau de responsabilité, la variété, l'utilité, etc.
Pour vous aider à faire cet exercice, vous pouvez lister les motivations qui vous ont « porté » lors de vos derniers postes.

Vos envies, votre vision

Le dernier point et non des moindres concerne vos envies. C'est une question très personnelle à laquelle vous seul pouvez répondre. Voulez-vous changer de secteur d'activité, de type de poste, de région, d'univers professionnel, gagner plus d'argent, devenir indépendant, etc. ?

Voici quelques questions qui peuvent vous guider dans votre réflexion.
- Voulez-vous changer de métier ? Si oui, vers lequel souhaiteriez-vous vous diriger ?
- Dans quel secteur d'activité voulez-vous travailler ?

- Quel poste voulez-vous occuper ?
- Quelles sont les caractéristiques que vous aimeriez dans votre prochain travail en termes de mission, de déplacement, de salaire, de région, etc. ?
- Quelles sont les caractéristiques d'un poste qui vous feraient fuir ?
- Identifiez-vous à ce jour des points bloquants par rapport à vos envies ? Si oui, lesquels, et que faudrait-il faire pour les surmonter ?

Attention, cette partie est destinée à prendre en compte vos envies, mais il ne faut pas basculer vers des rêves inaccessibles. Plus il y aura de distance entre votre situation actuelle et le poste que vous envisagez, plus il sera nécessaire de faire des efforts en termes de formation et de salaire. Cela implique très souvent une forte baisse de revenu et parfois une période sans ressources financières, le temps de mettre en place sa nouvelle activité. Il faut garder cela en tête.

Pour avoir un point de repère, sachez que l'on recommande de changer de secteur d'activité ou de métier si l'on souhaite s'orienter vers de nouveaux challenges, mais pas les deux à la fois. Le saut est trop important et très risqué si l'on veut tout changer en même temps. En revanche, il est envisageable de fonctionner en deux étapes. La première consiste à garder son métier et à changer de secteur d'activité. La seconde étape est d'évoluer vers un nouveau métier après avoir fait ses preuves dans son nouveau secteur. Cette méthode est plus sûre, elle permet un changement plus lent mais moins risqué.

Si vous voulez réellement changer d'orientation à 180 degrés, renforcez vos compétences et faites une formation pour vous diriger vers le métier ou le secteur qui vous intéresse.

Studyrama propose sur son site un test d'orientation (http://test-orientation.studyrama.com). Il a été élaboré non pas pour décider à votre place, mais pour vous donner des éléments qui vous aideront à confirmer ou à infirmer une orientation potentielle.

Ce test tient compte de votre personnalité, de votre motivation et de vos intérêts professionnels.

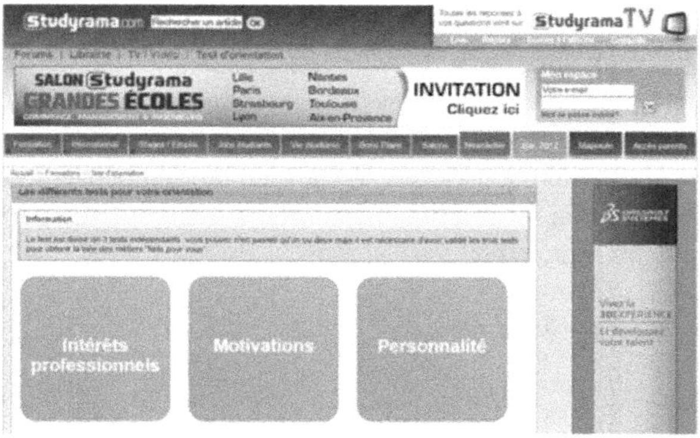

Quels sont les secteurs d'activité et les entreprises ciblés ?

Maintenant que vous avez fait le point sur votre parcours, votre formation, vos réalisations, vos connaissances, vos compétences, vos motivations et vos envies, vous avez les éléments pour déterminer les secteurs d'activité et les métiers qui vous intéressent.

La recherche d'informations sur les secteurs d'activité et sur les métiers est importante. C'est le premier croisement concret entre votre projet théorique et le marché réel.

Concernant les secteurs, un des premiers éléments à identifier est le potentiel d'entreprises. Sur certains marchés de niche, parfois seules deux ou trois entreprises sont en concurrence. Il faut rapidement avoir cette information car cela peut être un critère pour s'orienter vers un autre secteur.

3| LA RECHERCHE D'INFORMATIONS SUR LES SOCIÉTÉS

Grâce à Internet, vous allez pouvoir vous renseigner sur un marché et sur les entreprises qui le composent.

Le site des chambres de commerce et d'industrie (www.aef.cci.fr) permet de faire des recherches multicritères d'entreprises par activité, par effectif, par région, etc.

Cliquez sur « créer votre fichier ».

Dans la colonne de droite, vous glissez les critères qui sont importants pour vous : activité d'entreprise, taille, chiffres d'affaires, géographie, etc. Plus vous ajouterez de critères, moins vous aurez d'entreprises dans votre liste de résultats. Il vaut donc mieux faire une recherche large dans un premier temps, et ensuite seulement réduire son champ d'investigation.

Cette recherche a donné le résultat suivant : cinquante-quatre entreprises selon les critères choisis dans l'écran précédent.

A partir de ces données, vous pouvez commencer à pousser plus loin vos investigations en vous connectant sur le site Internet de cette société.

Ensuite, un travail de recherche vous attend. Il est nécessaire de se renseigner par tous les moyens sur chaque entreprise. La visite de leur site Internet est une évidence mais aussi pourquoi pas les blogs, les forums, les salons, ainsi que les entretiens réseaux.

Vous pouvez également, lorsqu'une société vous intéresse, aller sur les réseaux sociaux (Viadeo ou LinkedIn). En réalisant une recherche sur le nom de la société, vous y découvrirez des profils des personnes en poste. Cela vous permettra de prendre connaissance des intitulés des postes qui existent dans l'entreprise afin d'affiner votre candidature.

A titre d'exemple, est-ce qu'un responsable juridique est appelé « responsable juridique », « responsable contentieux », « responsable des contrats », etc. ? Chaque société a son vocabulaire propre. Vous pourrez également repérer des responsables dans les domaines qui vous intéressent afin de les contacter.

Le site www.gazettedupalais.com propose également des informations, l'actualité, des offres d'emplois destinés à des avocats et à des secrétaires juridiques.
D'autres sites gratuits existent, comme pagesjaunes.fr, infogreffe.fr ou societe.fr, mais il faut déjà avoir une idée précise des entreprises ou des cabinets de juristes que vous recherchez. En outre, vous n'aurez pas forcément beaucoup d'informations à valeur ajoutée hormis les résultats financiers pour infogreffe.fr et société.fr.

Si vous ciblez des avocats, l'annuaire du conseil national des barreaux est disponible en ligne sur le site cnb.avocat.fr. Il existe également des sites par barreau (Paris, Marseille, etc.) que vous trouverez avec une simple recherche dans Google.

Le site www.portail-juridique.com/ propose aussi la liste des avocats mais également des huissiers, des notaires et des experts-comptables.

Il existe d'autres bases de données payantes pour accéder à des fichiers d'entreprises :
• http://fr.kompass.com donne accès aux noms des sociétés, des dirigeants, de l'effectif, etc. ;
• http://banker.thomsonib.com fournit les données financières, les fusions, les acquisitions, etc. ;
• www.bvdinfo.com propose de nombreuses bases de données, telles que Diane et Astrée, qui fournissent des informations sur les entreprises françaises.

4| LA RECHERCHE D'INFORMATIONS SUR LES MÉTIERS

Les métiers du droit peuvent conduire à des métiers très différents. Avocat, juge, notaire, commissaire, juriste en entreprise, fiscaliste, secrétaire juridique, greffier... sont des métiers qui s'exercent dans des univers très divers avec des statuts également variés. Certains métiers ne s'exercent qu'au service de l'Etat – juge, procureur, commissaire – tandis que les autres s'exercent sous un statut privé même si un lien étroit avec les services de l'Etat prédomine.

Si votre projet professionnel vous oriente vers un nouveau métier, il est nécessaire que vous en ayez une connaissance fine. Plusieurs solutions existent pour en connaître le contenu et le potentiel.
La première méthode est tout simplement de chercher les offres d'emploi qui paraissent sur les sites Internet. Chaque entreprise ayant ses particularités, prenez quelques offres et analysez-les. Récapitulez les missions, les objectifs, les expressions et les mots-clés du métier, les profils demandés, le type d'expérience requis, etc. Toutes ces informations vous permettront de mieux cerner le contenu du poste et son contour.
Pour les postes qui dépendent de l'Etat, les sites des différents ministères (Justice, Intérieur, etc.) pourront vous donner les informations nécessaires à la compréhension des métiers et sur les concours en vigueur.
La seconde solution est d'utiliser le Répertoire opérationnel des métiers et des emplois, connu sous le nom de ROME. Une version est disponible en ligne (http://www2.pole-emploi.fr/) dans laquelle vous pouvez effectuer des recherches à partir de cinq critères :

- métier ;
- compétences ;
- domaine professionnel ;
- thème ;
- code ROME.

A titre d'exemple, une recherche sur le métier d'avocat donne le résultat suivant :

Les fiches métiers **Aide ?**

Résultats de la recherche

Il y a **14 appellations** correspondant au(x) mot(s) saisi(s) : **avocat.**
Pour consulter une fiche ROME, cliquer sur le lien « Voir la fiche » au niveau de la fiche.

Collaboration juridique	**Voir la fiche**
- Clerc d'avocat - Premier clerc d'avocat - Principal clerc d'avocat - Sous-principal clerc d'avocat	
Défense et conseil juridique	**Voir la fiche**
- Avocat/Avocate - Avocat/Avocate au conseil - Avocat/Avocate d'affaires - Avocat/Avocate du droit des personnes - Avocat/Avocate en droit de la propriété industrielle - Avocat/Avocate en droit de l'informatique - Avocat/Avocate en droit des nouvelles technologies - Avocat/Avocate fiscaliste - Avocat/Avocate pénaliste	
Magistrature	**Voir la fiche**
- Avocat général/Avocate générale	

En cliquant sur le mot « avocat », vous obtenez une fiche avec quatre onglets :

- description du métier ;
- activités et compétences ;
- mobilité professionnelle ;
- certifications.

K 1903 Défense et conseil juridique

Description du métier	Activités et compétences	Mobilité professionnelle	Certifications	

Appellations métier

Définition

• Conseille et informe des personnes physiques ou morales en matière juridique et judiciaire, établit des actes juridiques et effectue la gestion de contentieux.
• Peut présenter oralement la défense de clients au cours de plaidoiries, peut veiller à la sécurité juridique d'entreprises.
• Peut former des personnes dans sa spécialité qu'elle actualise par une veille informative.

Accès à l'emploi/métier

Cet emploi/métier est accessible avec un diplôme de niveau Bac + 4 (M1,IUP...) à Master (Master professionnel, Master recherche...) en droit complété par une spécialisation (avocat, assurance, finance, fiscalité...).
La pratique d'une langue étrangère, en particulier l'anglais, est requise.

Conditions d'exercice de l'activité

L'activité de cet emploi/métier s'exerce au sein de cabinets, d'entreprises privées ou de juridictions publiques (Cour d'appel...) en relation avec différents services et intervenants (finance, administrations, clients, notaires...).
Elle varie selon la structure (cabinet, entreprise...) et la fonction (avocat, juriste, responsable contentieux...).
La rémunération peut être constituée d'un fixe, de commission ou d'honoraires négociés.

Environnements de travail

Structures

• Association
• Cabinet juridique
• Société d'investissement

Secteurs

• Assurance
• Banque

Conditions
Aucune condition définie

La partie « Activités et compétences » est particulièrement intéressante. Vous y trouverez la description des activités quotidiennes d'un avocat. Ce sont des éléments importants qui permettent de se projeter et d'identifier les missions du futur métier.

Description du métier	**Activités et compétences**	Mobilité professionnelle	Certifications

Activités et compétences de base	
Activités	**Compétences**
• Informer et conseiller les clients, les collaborateurs sur des questions d'ordre juridique. • Renseigner sur la procédure de mise en demeure, d'assignation en justice, de conciliation adaptée à la résolution du litige. • Rédiger des actes juridiques et accomplir des démarches auprès d'organismes publics ou privés pour le compte de clients. • Effectuer la gestion de contentieux fiscaux, bancaires et prud'homaux... • Réaliser une veille technique (actualité légale, jurisprudentielle...) et informer les collaborateurs de l'évolution des textes.	• Droit civil. • Droit pénal. • Droit commercial. • Droit fiscal. • Droit des sociétés. • Droit des assurances. • Droit de la propriété intellectuelle. • Droit de l'informatique et des réseaux. • Droit du travail. • Droit public. • Procédures de recouvrement de créances.
Activités et compétences spécifiques	
Activités	**Compétences**
• Constituer des dossiers de plaidoirie (recueil des pièces, consultation de la jurisprudence, rédaction des conclusions...). • Accomplir des actes de procédure (rédaction des assignations, transmission des conclusions, remise du dossier au juge...). • Conseiller une entreprise dans le cadre législatif (optimisation des règles fiscales...). • Veiller à la sécurité juridique d'entreprises et en défendre les intérêts lors d'opérations financières et juridiques. • Veiller au respect de la loi informatique et libertés dans l'entreprise, gérer la liste des traitements de données à caractère personnel, faire l'interface avec la Commission nationale de l'informatique et des libertés (CNL).	
• Représenter des clients et défendre leurs intérêts auprès de l'administration fiscale, des tribunaux...	• Pratiques de la plaidoirie. • Procédures du contrôle fiscal.
• Arrêter avec les clients les termes des contrats et le montant des honoraires pour des actions en justice et des conseils.	
• Elaborer et animer des actions de formation à thématique fiscale, juridique, financière...	• Techniques pédagogiques.
• Coordonner l'activité d'une équipe.	

Pour compléter vos recherches, vous pouvez vous rendre sur le site www.lesmétiers.net, qui vous donnera des informations sur les métiers du droit. Il met à disposition 400 vidéos faites par des professionnels sur de nombreux métiers. Vous avez ainsi directement le retour d'expérience et le ressenti des personnes qui exercent la profession que vous convoitez.

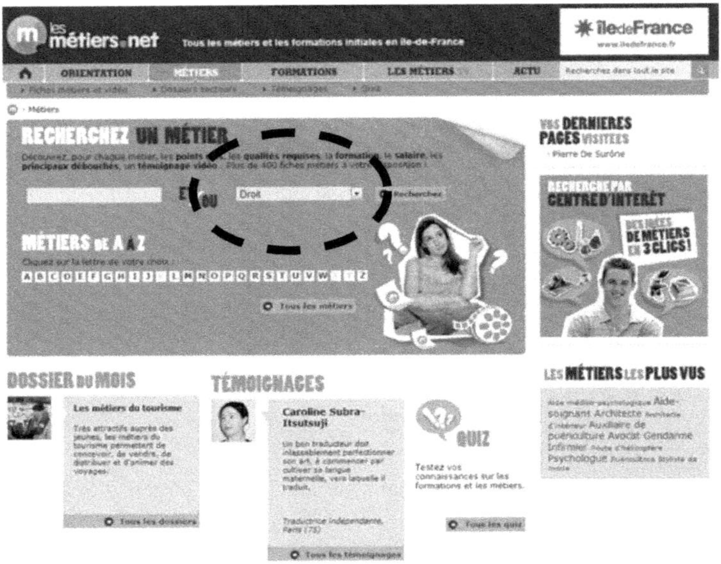

A titre d'exemple, pour une recherche efficace sur les métiers du droit, il est recommandé de choisir dans le menu déroulant de droite (voir photo ci-dessus) le mot « droit » plutôt que de saisir le mot « droit » dans le champ de gauche.

Vous obtiendrez vingt-neuf métiers en lien direct avec le droit.

ORIENTATION | MÉTIERS | FORMATIONS | LES MÉTIERS | ACTU

› Résultats de recherche

Imprimer | Retour recherche

Résultats de votre recherche

Il y a **29** résultats pour votre recherche dans tout le site de type **Fiche métier**

Résultats par page : 10

Inspecteur de la concurrence, de la consommation et de la répression des fraudes / Inspectrice de la concurrence, de la consommation et de la répression des fraudes

L'inspecteur de la concurrence, de la consommation et de la répression des fraudes est un acteur de terrain : il se rend dans les entreprises pour vérifier le respect des réglementations en vigueur.

Fiche Métier, Rubrique Métiers

Inspecteur du permis de conduire et de la sécurité routière/ Inspectrice du permis de conduire et de la sécurité routière

L'inspecteur du permis de conduire est bien plus qu'un simple examinateur. Il assure le suivi pédagogique des écoles de conduite et met en place des actions de prévention.

Fiche Métier, Rubrique Métiers

Inspecteur, contrôleur du travail / Inspectrice, contrôleuse du travail

L'inspecteur du travail peut rappeler à l'ordre la direction d'une entreprise, dresser un procès verbal et même saisir la justice quand la sécurité des salariés n'est pas assurée.

Fiche Métier, Rubrique Métiers

Juriste

La complexification incessante des législations sur le commerce laisse présager un brillant avenir pour le juriste d'entreprise.

Fiche Métier, Rubrique Métiers

Lieutenant de police

Enquêtes, filatures, perquisitions, interpellations... Le lieutenant de police est un policier de terrain. Un métier pour les amateurs d'action et de sensations fortes !

Fiche Métier, Rubrique Métiers

Magistrat / Magistrate

Juge d'instruction, juge des enfants, juge d'instance, procureur... Quelle que soit sa fonction, le magistrat possède de hautes responsabilités et travaille en prise directe avec la société.

Fiche Métier, Rubrique Métiers

Manager opérationnel de la sécurité sociale / Manager opérationnelle de la Sécurité sociale

Le manager opérationnel peut travailler dans de nombreux organismes et exercer près de 80 métiers différents.

Fiche Métier, Rubrique Métiers

Mandataire judiciaire

Le mandataire judiciaire représente les créanciers et défend leurs intérêts lorsqu'une entreprise est en difficulté : son intervention est très appréciée par certains...

Fiche Métier, Rubrique Métiers

Notaire

Le quotidien du notaire est fait de contrats et d'actes juridiques. Mais les circonstances dans lesquelles il voit ses clients confèrent une dimension humaine très forte à son travail.

Fiche Métier, Rubrique Métiers

Chaque métier est présenté à partir d'une vidéo et contient les informations suivantes en six points :

- le métier ;
- les qualités essentielles ;
- le salaire ;
- les principaux débouchés ;
- l'évolution professionnelle ;
- la formation et les diplômes.

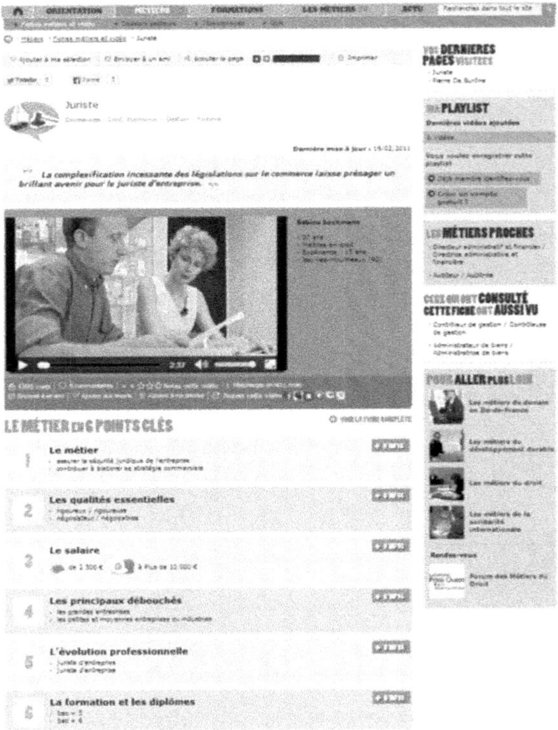

La dernière solution consiste à rencontrer des professionnels en face à face. C'est probablement la méthode la plus chronophage et qui vous demandera le plus d'efforts. En revanche, c'est le moyen le plus efficace pour se rendre compte par soi-même du choix que l'on fait en décidant de s'orienter vers tel ou tel métier.
Il est intéressant, utile et formateur d'opter pour cette solution. Intéressant parce qu'échanger avec un professionnel est enrichissant, utile parce que vous pouvez récupérer des informations que vous ne trouverez nulle part ailleurs, et formateur parce que la méthode qui consiste à obtenir des rendez-vous est le moyen le plus efficace pour trouver un emploi.

La synthèse de votre projet professionnel, le SWOT

Vous avez maintenant tous les éléments en main pour faire la synthèse de votre projet professionnel. Vous avez entrepris de choisir un métier. Il est utile de déterminer les forces et les faiblesses de ce choix par rapport à votre profil. Concernant le marché du travail et les entreprises que vous ciblez, il est nécessaire d'obtenir une vision réaliste de vos possibilités en évaluant les opportunités et les risques de votre choix.

Il est important de ne pas se voiler la face et d'appréhender votre situation dans sa globalité sans oublier aucun aspect, qu'il soit positif ou négatif. Il faut en faire la synthèse. La matrice Forces Faiblesses Opportunités Menaces (FFOM ou SWOT en anglais *Strengths, Weaknesses, Opportunities, Threats*) est un outil qui vous permettra de faire cette synthèse.

Exemple d'une synthèse SWOT dans le cadre d'un projet professionnel (la personne veut travailler en tant que juriste en entreprise)

Forces Les atouts de la personne	Faiblesses Les points d'amélioration de la personne
• Stage de neuf mois dans un cabinet d'avocat spécialisé dans le droit des sociétés. • Maîtrise de deux langues : français, anglais.	• Peu d'expérience. • Pas d'expérience en entreprise. • Concurrence des étudiants ayant la CAPA, diplôme d'avocats.
Opportunités Le marché de l'emploi et le secteur ciblé	**Risques/Menaces Le marché de l'emploi et le secteur ciblé**
• La réglementation française et européenne est de plus en plus compliquée à mettre en place dans les entreprises.	• Récession économique en Europe.

5| COMMENT METTRE EN PLACE SA RECHERCHE D'EMPLOI ?

Comment se lancer dans sa recherche ?

Il faut se rappeler que, pour maximiser ses chances de trouver un emploi, une base solide est nécessaire avant de débuter sa recherche. Cette base est votre projet professionnel grâce auquel vous avez fait le bilan de votre parcours, de vos compétences, de vos connaissances, de vos talents. Vous avez également ciblé un secteur d'activité et un métier.

Vous avez maintenant tous les éléments en main pour vous lancer dans de bonnes conditions.

Les outils indispensables à une recherche sont :

- le CV, il sera adapté selon votre cible ;
- la lettre de motivation, elle devra être personnalisée ;
- un *pitch* pour vous présenter ;
- des réalisations probantes ;
- vos profils LinkedIn et/ou Viadeo actualisés ;
- une liste à jour de vos cibles bien renseignées ;
- un tableau de bord sur Word ou Excel pour gérer vos contacts (envoi de CV, rendez-vous, relance par téléphone, etc.) ;
- et une ténacité et une volonté de fer.

Rédiger un CV efficace

Votre CV est votre plaquette commerciale, celle qui doit être utilisée pour vous vendre et vous mettre en valeur. Il doit donc donner envie et vous montrer sous un jour favorable. Pour mémoire, aucune information négative ou peu valorisante ne doit figurer dans votre CV.

La rédaction de votre CV a plusieurs objectifs :
• susciter l'intérêt des recruteurs pour décrocher un rendez-vous ;
• mettre en avant des points précis qui n'appartiennent qu'à vous ;
• donner des informations sur votre profil, vos employeurs précédents, votre évolution ;
• résumer brièvement votre carrière.

L'objectif principal d'un envoi est d'être reçu.
L'erreur la plus fréquente est de faire son CV avant de déterminer ses cibles précises. Comme tout bon marketeur, il faut partir de la cible, de l'entreprise que vous convoitez et du poste que vous voulez obtenir. Et si cela est possible, il faut même personnaliser le CV par rapport à la personne que vous allez rencontrer. Adapter un CV ne signifie pas qu'il doit comporter des informations erronées, mais qu'il vous faut présenter vos expériences et vos compétences sous le jour le plus susceptible d'intéresser l'entreprise ciblée.

Evitez donc d'imiter des CV qui vous ont semblé bien faits ; votre CV doit être unique et vous ressembler, aussi bien dans sa forme que dans son contenu.
Il doit d'abord capter l'attention du recruteur avec une accroche claire sur le poste que vous recherchez. Une étude américaine a été réalisée par le site d'emploi américain The Ladders pour mesurer le temps passé sur un CV. Les recruteurs ont déclaré passer entre quatre et cinq minutes sur une candidature. Pour vérifier ces déclarations, les recruteurs ont été équipés de la technologie « *eye tracking* ». Cet outil est utilisé pour suivre le mouvement des yeux et pour mesurer le temps passé sur un document. Le résultat peut surprendre et faire peur : les recruteurs ont en réalité passé en moyenne six secondes pour décider ou pas de conserver ou d'éliminer une candidature.
Par ailleurs, cette étude précise que les recruteurs se focalisent sur six points :
• le nom du candidat ;
• le nom de l'employeur actuel, la date de début du poste actuel ;
• le titre du poste ;

• le nom de l'employeur précédent, les dates de début et de fin du poste précédent ;
• le titre du poste ;
• la formation.

Ce qu'il faut déduire de cette étude, c'est qu'un CV doit être lisible et bien organisé. Néanmoins, il ne faut pas oublier qu'une fois le premier tri passé, le recruteur passera plus de temps et étudiera le CV en détail. Il est donc nécessaire de détailler les expériences et les compétences acquises.

Le CV, sur une ou deux pages ? En dessous de huit à dix ans d'expérience, l'option une page est recommandée. Vous pourriez passer pour une personne présomptueuse en utilisant deux pages, ou pour un candidat ne sachant pas faire la synthèse de son expérience. Passé les dix ans de vie professionnelle, il est parfois difficile de condenser son parcours et, dans ce cas, l'option deux pages est parfois nécessaire. Il est également possible d'envoyer un CV en une page et d'arriver le jour de l'entretien avec un CV plus détaillé de deux pages.

L'entête

Un CV commence toujours par vos nom, prénom, coordonnées (adresse, e-mail, portable). Ensuite, une accroche générale est appréciée des recruteurs afin qu'ils identifient rapidement votre CV et vos atouts. Cette accroche peut être liée à vos compétences ou à votre profil. Par exemple : « Chef de produit », « Artisan maroquinier ». L'accroche doit être courte, lisible et facilement compréhensible. Evitez de mettre « Motivé », « Esprit d'équipe », ou « Dynamique ». C'est banal et cela n'aide pas les recruteurs.

Les expériences

Le CV est par convenance organisé en commençant par la dernière expérience professionnelle. C'est en général cette dernière que vous

cherchérez à valoriser aux yeux du recruteur et qui se rapporte le plus au poste que vous convoitez.
Le CV peut également être organisé par compétences. Cette méthode est utilisée quand la personne a beaucoup d'expérience ou un parcours dans des domaines très différents et qui pourrait dérouter le recruteur par sa variété.

Lorsque vous mentionnez une expérience, soyez précis et fournissez des éléments concrets sur l'entreprise. Si l'entreprise, le cabinet d'avocat, l'étude notariale ne sont pas connus du grand public, précisez son secteur, son chiffre d'affaires et son nombre de salariés. Quant à votre parcours, indiquez clairement votre poste, le périmètre qu'il recouvrait, vos missions et vos réalisations. Mettez en avant les expériences ou les missions le plus en adéquation avec le poste recherché et choisissez les plus vendeuses.

Concernant les réalisations, soyez précis, donnez des chiffres de progression ou d'atteinte d'objectifs. Par exemple : augmentation du nombre de nouveaux clients dans un cabinet d'avocats de 2010 à 2012, etc.

Le CV ne doit pas forcément contenir toutes vos expériences. Si vous avez travaillé quinze ans dans la même société et occupé six fonctions différentes, il est accepté de ne mettre en avant que celles qui intéressent le recruteur. Toutefois, le parcours présenté doit rester cohérent. Vous pouvez mentionner les expériences moins ciblées sur votre recherche mais il est inutile de les développer.

Les langues

Soyez précis en mentionnant votre niveau de langue. On voit encore trop fréquemment : lu, écrit, parlé. Ce qui ne signifie rien en termes de niveau.
Si vous avez passé le TOEFL ou le TOEIC, donnez le nombre de points que vous avez obtenus.

Sinon, vous pouvez indiquer : anglais d'affaires courant, anglais débutant, anglais courant, anglais langue de travail. Il faut que le recruteur puisse avoir une idée de votre niveau.

La rubrique « Divers » ou « Hobbies »

Cette rubrique sert à se distinguer, mais on observe des dérapages. Il n'est pas rare d'y voir mentionnés « télévision », « tricot » ou « Facebook ». Il faut être prudent. Si vous ne savez pas quoi écrire dans cette rubrique, ne mettez rien. Si vous décidez de la remplir, indiquez des loisirs ou des passions « solides ». A titre d'exemple, il est possible de mentionner : passionné de sport automobile (pilote de karting), membre d'un club de Bourse, auteur d'articles dans la presse spécialisée (donnez quelques références), membre de la junior entreprise ou des bureaux des élèves (détaillez quelques actions ou événements dans ce cadre), etc.

Pour terminer sur le contenu du CV, vous pouvez ajouter quelques coordonnées de personnes susceptibles de vous recommander.

Un CV, deux CV, trois CV...

La question concernant le CV qui revient souvent est : faut-il avoir plusieurs CV ? La réponse est oui. Evidemment, ils ne seront pas tous à 100 % différents, mais selon la cible et le contenu des annonces, il faudra mettre en avant certaines de vos compétences ou expériences.
Un exemple : vous postulez dans une entreprise qui propose un poste marketing. Votre dernier poste est un poste de responsable marketing et commercial. Mettez en avant vos missions et réalisations marketing et en retrait vos missions commerciales. En revanche, il est intéressant pour un recruteur qui souhaite embaucher un marketeur de recruter une personne qui connaisse également la fonction commerciale, cela facilitera les échanges au sein de l'entreprise. Le candidat devra plutôt souligner ses connaissances en marketing tout en évoquant les aspects de sa maîtrise de l'interface avec les services commerciaux.

Quelques mots ou expressions à bannir de votre CV

Certains mots ou expressions employés sur un CV sont rédhibitoires. Le simple fait de les utiliser peut vous exclure d'un recrutement.

Les adresses e-mails loufoques

Les employeurs ont rarement le sens de l'humour lorsqu'ils sont en charge d'un recrutement. S'ils peuvent sourire en recevant un mail provenant de jesuislemeilleur@yahoo.fr, il y a peu de chances que vous soyez convoqué à un entretien. Respectez les codes en ayant une adresse composée avec vos nom et prénom.

Les adjectifs qui vous décrivent

Tenace, agréable, sérieux, travailleur, etc. Le CV n'est pas le document sur lequel il faut indiquer vos qualités. C'est à travers les objectifs et les résultats que vous avez atteints que le recruteur les déduira.

Salaire négociable ou non négociable

Pour commencer, on ne parle pas de salaire sur son CV. En outre, le salaire est abordé à la fin du processus de recrutement. Lors du premier entretien, le recruteur vous demandera votre salaire actuel et/ou vos prétentions. Indiquer « salaire négociable » n'a pas de sens et « salaire non négociable » encore moins.

Expérience sur le marché de…

Tout le monde a une expérience sur un marché ou dans un domaine donné. Pour vous démarquer, donnez des précisions et des détails concrets sur des projets que vous avez menés à bien.

Les abréviations

Les CV rédigés en style télégraphique, comportant beaucoup d'abréviations, sont à proscrire. Quelques termes génériques et connus peuvent être employés, mais avec grande parcimonie.

Les hobbies peu valorisants

« J'aime beaucoup regarder la télévision. » A moins de répondre à une annonce pour travailler chez Canal Plus dans l'équipe qui réalise chaque jour le Zapping, bannissez ce type de loisir qui n'en est pas vraiment un. Imaginez l'image que peut renvoyer cette phrase à un recruteur.

Comment rédiger une lettre de motivation ?

La lettre de motivation est un exercice difficile à plusieurs titres. C'est un moyen d'expression qui vous dévoile sous plusieurs aspects, à travers votre syntaxe, vos idées, vos formulations, votre capacité à prendre de la hauteur par rapport à vous-même et par rapport à l'annonce. Un des défauts que l'on retrouve fréquemment, hormis les fautes d'orthographe, est la paraphrase du CV. Dans ce cas, la lettre n'apporte rien au recruteur et elle ne vous permettra pas de sortir du lot des candidatures.

Encore plus que pour le CV, la lettre de motivation doit être personnalisée. Elle doit démontrer que vous connaissez *a minima* les enjeux de l'entreprise pour laquelle vous postulez. Si vous répondez à une annonce et que vous n'avez pas accès au nom de la société qui recrute, ce qui est fréquemment le cas, vous pouvez montrer votre connaissance du secteur d'activité ou du métier.

Le début de votre lettre de motivation est capital. Le lecteur doit accrocher immédiatement. Si vous commencez par un banal « Votre annonce m'a fortement intéressé(e), c'est la raison pour laquelle je postule... », vous avez de grandes chances que le recruteur passe à la lettre suivante. Essayez d'accrocher le lecteur dès la première ligne.

Il faut bannir toute information ou signe négatif dans votre lettre, du style « en recherche d'emploi depuis un an », « licencié par l'entreprise Martin, je suis à la recherche », etc. Cela vous semble peut-être évident, mais on trouve régulièrement ce type de phrase dans les lettres envoyées aux recruteurs.

Voici un moyen mnémotechnique pour se souvenir de la structure de la lettre : « je vous nous ».
La lettre se construit en trois temps après la phrase d'accroche :
- premier temps : vous parlez de vous ;
- deuxième temps : vous parlez de l'entreprise et du poste ;
- troisième temps : vous parlez de vous et de l'entreprise et du projet qui peut naître de votre rencontre.

Votre lettre doit tenir en une page maximum. Si vous devez déborder sur une deuxième page, il faut que cela soit pour de bonnes raisons et que votre contenu soit de très haut niveau. Quoi qu'il arrive, le recto/verso est à bannir.

Bien évidemment, votre lettre ne doit pas comporter la moindre faute. Dans un métier juridique cela serait rédhibitoire. Il est fortement recommandé de la faire relire par un tiers si vous n'êtes pas très à l'aise avec l'orthographe. Soyez également vigilant sur les erreurs dans le nom de l'entreprise destinataire et de votre contact. Elle doit être réalisée sous traitement de texte de préférence sous Word qui est le logiciel le plus répandu en France.

Cibler précisément un secteur et une fonction

Comme nous l'avons déjà abordé dans la partie dédiée au projet professionnel, le ciblage est une étape capitale. Si vous avez choisi un secteur précis, il est nécessaire de l'avoir préalablement analysé et décortiqué afin d'en connaître les acteurs.

A titre d'exemple, vous voulez vous orienter vers le secteur de l'assurance pour décrocher un poste de juriste. La démarche de ciblage est une vraie démarche marketing. Il est nécessaire de se documenter sur ce marché.

Il existe de nombreux syndicats, associations, fédérations dans le domaine de l'assurance. En outre les banques proposent aussi des services dans ce secteur. Tous ces acteurs sont idéalement positionnés pour détecter les tendances du marché, identifier les enjeux et les problématiques. Une rencontre avec ces professionnels vous éclairera et vous aidera dans vos choix futurs.

Voici un exemple de données nécessaires afin de dresser un panorama des acteurs du secteur de l'assurance en dehors des entreprises qui exercent directement ce métier.

La Fédération française des sociétés d'assurances

Créée en 1937, sous forme d'un syndicat professionnel, cette fédération regroupe 240 entreprises représentant 90 % du marché français de l'assurance et près de 100 % de l'activité internationale des entreprises de ce marché.

Elle réunit des sociétés anonymes, des sociétés d'assurance mutuelle et des succursales de sociétés étrangères pratiquant l'assurance et la réassurance.

Cette fédération se donne cinq missions principales :
• représenter les intérêts de la profession auprès de ses interlocuteurs, publics et privés, nationaux et internationaux ;
• être un outil de concertation avec ses différents partenaires tant externes (consommateurs, médias, universitaires, autres secteurs d'activité...) qu'internes (organisations d'intermédiaires, syndicats de salariés) ;

• étudier en commun les problèmes techniques, financiers et juridiques : la connaissance des risques repose sur des observations statistiques les plus larges possible, ce qui implique de mener des études au niveau de l'ensemble du marché ;
• informer le public, notamment par l'intermédiaire de son site www.ffsa.fr ;
• promouvoir les actions de prévention afin de réduire la gravité et la fréquence des risques. La profession agit par le canal de son association Assureurs Prévention (www.assureurs-prevention.fr), de la Prévention routière, du Centre national de prévention et de protection (CNPP), de l'association Promotion et suivi de la sécurité routière en entreprise (PSRE) et de la Mission risques naturels (MRN).

Le Groupement des entreprises mutuelles d'assurance

Ce groupement défend une vision mutualiste de l'assurance.
Créé en 1964 par la Maaf, la Macif, la Maif, la Matmut et la GMF, le GEMA représente les principales mutuelles d'assurance auprès des pouvoirs publics, des élus, des partenaires économiques et sociaux. Il se mobilise pour apporter une vision mutualiste aux problèmes économiques, juridiques et sociaux du marché de l'assurance. Ses prises de position reflètent ses valeurs fondatrices : la solidarité, la démocratie, la transparence.
Pour le compte de ses adhérents, le GEMA mène des études sur des problèmes techniques, économiques ou juridiques concernant l'assurance, la réassurance, l'environnement économique national et européen.

L'association pour le management des risques et des assurances de l'entreprise (AMRAE)

Ainsi l'AMRAE, association régie par la loi 1901, a pour mission d'apporter aux entreprises les moyens de réussir leur mutation dans le domaine de la gestion des risques, de par leur appréhension et contrôle, la maîtrise de leurs coûts dont les dépenses d'assurances et ce par des programmes de formation et l'organisation de manifestations professionnelles.

L'AMRAE est une association professionnelle dont les membres sont les acteurs majeurs des métiers du risque en entreprise : responsables de la gestion de risques, gestionnaires des programmes d'assurances, ou encore responsables des activités d'animation du contrôle interne comme les directeurs financier, juridique, ressources humaines, qualité, sécurité ou audit interne.

Les échanges d'informations et d'expériences entre les membres, à travers de nombreuses réunions et travaux des commissions techniques, permettent d'accroître leur professionnalisme et leur crédibilité en vue de mieux protéger les résultats et optimiser les coûts du risque de leurs entreprises.

Présidées par un membre de l'AMRAE, elles ont pour mission de travailler sur des expertises et des sujets récurrents qui font partie du cœur de métier du Risk Management. Au cours de leurs activités, elles identifient des « référents », c'est-à-dire des membres de l'AMRAE (ou des personnes externes) ayant une expertise particulière, une spécialité ou une expérience dans certains domaines de la gestion du risque. Le but recherché est de permettre un partage des connaissances et des bonnes pratiques entre les membres de l'association mais aussi un accompagnement de l'AMRAE dans ses rapports avec les pouvoirs publics ou d'autres associations lorsque les sujets concernés requièrent une expertise particulière.

La Fédération bancaire française (FBF)

La FBF est l'organisation professionnelle qui représente toutes les banques installées en France. Elle compte 390 entreprises bancaires adhérentes de toute origine (commerciale, coopérative ou mutualiste), française ou étrangère.

Elle a pour mission de promouvoir, dans l'intérêt de ses membres, l'activité bancaire et financière aux niveaux français, européen (la FBF a une implantation à Bruxelles) et international, ainsi que de définir les positions, propositions ou préoccupations de la profession vis-à-vis des pouvoirs publics et des autorités du domaine économique et financier.

Elle est également l'intermédiaire entre la profession bancaire et tous les publics de la banque : monde politique et institutionnel, médias, consommateurs, associations professionnelles, enseignants…

Maintenant que les principaux acteurs institutionnels de l'environnement du marché de l'assurance sont identifiés, il convient de creuser le contenu du poste de juriste.

Le ROME ou le site métiers.net, évoqués dans le passage sur la recherche d'informations sur les métiers, peut vous aider à affiner le contenu des postes selon la taille de l'entreprise dans laquelle vous postulerez. Les entretiens et les informations que vous aurez pu obtenir des fédérations et des principaux acteurs du marché pourront vous aider à affiner ce contenu qui peut énormément varier selon les entreprises et leur profil.

Comment décrypter une annonce ?

Répondre aux annonces n'est pas le moyen le plus efficace de trouver un emploi car le marché caché est trois fois plus important en taille. Néanmoins, il y a des entreprises qui cherchent des candidats par annonce sur des sites Web spécialisés ou à partir de leur propre site. Il ne faut pas négliger cette piste, même si elle présente moins d'intérêt.

Voici un exemple d'annonce de recrutement d'un(e) juriste junior en entreprise :

JURISTE JUNIOR (H/F) I FR-COURBEVOIE 92400

PARITEL, Leader des télécoms de proximité des TPE/PME et professions libérales, propose à ses clients depuis plus de vingt ans une offre globale en téléphonie, fiable et évolutive adaptée à leurs besoins.

Avec plus de quarante agences en France et quatre filiales, le groupe Global Concept poursuit son développement national et envisage de créer de nouvelles agences en 2013.

Description du poste
Dans le cadre de la refonte de son Service Clients, Paritel recrute un(e) juriste junior pour répondre aux besoins de traitement de dossiers commerciaux litigieux.

Vos missions seront de :
Prendre contact avec les clients pour diagnostiquer avec précision la nature des réclamations.
Prendre en charge la gestion des litiges et gérer les dossiers en apportant des réponses écrites.
Suivre les dossiers litigieux et pré-contentieux.
Réaliser des recherches, rédiger des notes de synthèse et assurer une veille juridique.

Compétences requises
De formation juridique minimum bac + 4/5, vous avez une expérience réussie d'au moins un an dans le domaine du traitement de la réclamation et l'analyse de dossiers sensibles.

Vous avez une excellente maîtrise du droit des contrats et du droit commercial, ainsi que de bonnes capacités rédactionnelles. Rigueur, diplomatie, curiosité et esprit d'initiative sont les qualités indispensables à ce poste.

Une expérience dans le domaine des télécoms serait un plus.

Source : annonce parue sur le site www.recrulex.com/

Afin de répondre de la manière la plus pertinente et de déterminer si le poste proposé vous intéresse, il faut apprendre à décrypter une annonce et parvenir à lire entre les lignes.

A la première lecture de cette annonce, plusieurs renseignements ressortent :

- cette société réorganise son service clients ;
- il s'agit d'une création de poste ;
- il y a une forte dimension liée aux contentieux.

Les critères imposés et objectifs

Le recruteur évincera les candidats qui ne répondent pas à certains types de critères, selon la qualité et la quantité des postulants dont il disposera.

Il regardera d'abord les critères imposés et objectifs.
Par exemple, dans cette annonce :

- « *formation juridique minimum bac + 4/5* » ;
- « *une expérience réussie d'au moins un an dans le domaine du traitement de la réclamation et l'analyse de dossiers sensibles* » ;
- « *une excellente maîtrise du droit des contrats et du droit commercial* » ;
- « *de bonnes capacités rédactionnelles* ».

D'autres informations affinent le besoin du recruteur mais celui-ci est prêt à se montrer moins exigeant : « *une expérience dans le domaine des télécoms serait un plus* ».
Ce critère n'est probablement pas éliminatoire. En revanche, un candidat qui pourra apporter ce qui est demandé se détachera de ses concurrents.

Les critères importants mais plus subjectifs

Le recruteur évaluera ces critères par lui-même et/ou par des tests de personnalité : *« rigueur, diplomatie, curiosité et esprit d'initiative sont les qualités indispensables à ce poste »*.

Les critères liés aux missions

Ces critères sont classiques pour un poste de juriste au sein d'un service client :

- *« prendre contact avec les clients pour diagnostiquer avec précision la nature des réclamations »* ;
- *« prendre en charge la gestion des litiges et gérer les dossiers en apportant des réponses écrites »* ;
- *« suivre les dossiers litigieux et pré-contentieux »* ;
- *« réaliser des recherches, rédiger des notes de synthèse et assurer une veille juridique »*.

Ce qui peut faire la différence entre plusieurs candidatures, c'est la renommée des entreprises dans lesquelles les candidats ont acquis leurs expériences.

Concernant les critères liés aux missions, prenez-les un par un et regardez si vous pouvez y faire correspondre l'une de vos réalisations probantes ou un fait précis qui a eu lieu dans votre parcours. Cela vous sera utile pour rédiger votre CV et votre lettre de motivation. Et en entretien, face au recruteur, vous aurez des arguments ciblés à présenter.

Comment utiliser Internet pour trouver un travail ?

Les sites de recherche d'emploi

Quand on parle de recherche d'emploi, on pense immédiatement à Internet. En effet, depuis de nombreuses années, les annonces des journaux

du *Figaro*, de l'Apec, des *Echos*, de *L'Express*… ont laissé place à de nombreux sites Web. Ces sites spécialisés font tout pour que le maximum d'entreprises les choisissent pour passer leurs annonces et pour drainer le maximum de candidats. Les deux étant intimement liés. Plus il y a d'annonces, plus le site est fréquenté. Plus le site est fréquenté, plus les entreprises passent facilement une annonce pour trouver une nouvelle recrue.
Il faut savoir que la plupart de ces sites vivent des revenus générés par le passage des annonces, par des publicités d'entreprises recruteuses, par des écoles ou par des organismes de formation.

A ces sites dédiés à la recherche d'emploi, il faut ajouter les sites des entreprises qui ont tous une rubrique « Carrières » et qui proposent en direct leurs offres d'emploi, ce qui n'exclut pas un passage de leurs annonces sur des sites spécialisés.

Le développement du recrutement sur le Web par annonce a permis d'accélérer le délai entre la mise en ligne de l'offre et les réponses des candidats. Mise à part cette phase du processus du recrutement qui a été raccourcie grâce au Web, le reste du parcours jusqu'à une éventuelle proposition d'embauche n'est pas forcément moins long qu'auparavant.

La recherche à proprement parler

Il y a deux manières de fonctionner avec les sites de recherche d'emploi.

La première manière est de chercher des annonces par mots-clés ou de mettre en place des alertes que vous créez vous-même, également à partir de vos mots-clés.
La fréquence des alertes est souvent paramétrable et vous les recevez sur votre boîte *e-mail*. Ne soyez pas trop pointu dans vos critères car vous risquez d'obtenir peu d'annonces. Quelques réglages sont nécessaires lors des premières alertes. Le moyen le plus sûr est de comparer le résultat de vos alertes avec les annonces du site en faisant une

recherche plus large à partir de critères moins sélectifs. C'est un moyen efficace pour mesurer la qualité de vos alertes.

La seconde méthode est de déposer votre CV sur les bases de données des sites spécialisés. Vous avez la possibilité de rendre visible ou invisible votre CV. Si vous rendez votre candidature visible, les recruteurs qui sont abonnés à la base de données pourront vous contacter directement. C'est un gain de temps pour tout le monde.
Avant d'ouvrir votre CV à la lecture, il faut prendre quelques précautions.
• Assurez-vous de la cohérence des différents CV que vous pourrez laisser sur différents sites de recherche d'emploi. Avec le temps, on a tendance à faire de nouvelles versions de son CV en perdant parfois la ligne directrice de sa candidature.
• Assurez-vous que les informations disponibles sur les réseaux sociaux (Viadeo, LinkedIn, etc.) sont identiques à celles de vos CV.
• Si vous êtes en poste, essayez de vous renseigner pour savoir si votre entreprise est abonnée à une base de données de CV. Si vous êtes encore en poste, il peut être gênant de figurer dans une liste de CV suite à une requête d'un recruteur de votre entreprise sur une base de données de Cadremploi ou de Monster...

Montrez-vous avec un blog !

Il existe un moyen efficace de valoriser votre savoir-faire ou votre passion à titre personnel en animant un blog. En tant que juriste dans un domaine donné ou futur spécialiste, vous êtes tout à fait légitime à créer un blog personnel qui mettra en valeur vos propos, vos réflexions et la qualité de votre écriture.

Le blog ou le site Web est un moyen simple mais exigeant pour se rendre visible sur Internet. Deux possibilités sont envisageables à titre d'exemple :
• développer un blog principalement sur vous ;
• développer un blog dans un domaine que vous maîtrisez tout particulièrement et que vous animez régulièrement.

Dans les deux cas, il est nécessaire de tenir à jour votre blog. Un site dont les dernières contributions dateraient de quelques années produirait l'effet inverse au résultat attendu.

Pour démarrer votre blog ou votre site, vous pouvez y intégrer les éléments suivants :

- les *news* de votre métier ou de votre secteur : selon votre disponibilité, votre attirance pour écrire un blog, utilisez cette rubrique pour en faire la partie centrale ou bien uniquement pour en faire une partie comme les autres. Soyez vigilant à ce que vous intégrez dans cette partie. Ecrivez de manière professionnelle et évitez toute erreur ;
- votre CV : vous pouvez le rendre disponible sur votre site en mettant en place une animation, en montrant certaines de vos réalisations pour illustrer vos compétences et en le mettant à disposition sous le format Acrobat (PDF) afin qu'il soit téléchargé ;
- vos motivations : faites un billet en expliquant pourquoi vous voulez travailler dans votre domaine. Qu'est-ce qui vous attire ? Comment avez-vous commencé dans ce secteur ? Il faut montrer votre dynamisme et votre envie d'aller plus loin ;
- votre parcours : si vous avez de l'expérience, racontez-la. Vous pouvez axer votre communication sur des projets intéressants qui vous démarquent. Intégrez des termes techniques de votre domaine afin de ressortir dans les recherches de Google ;
- vos réalisations : si vous êtes débutant, montrez vos créations, si vous avez travaillé comme graphiste ou styliste par exemple ;
- votre projet professionnel : c'est l'endroit privilégié pour exposer votre projet. Vous recevrez des conseils, des retours d'expériences ;
- les loisirs : créez uniquement cette partie si vous avez une réelle passion. Bannissez les informations sans intérêt pour les recruteurs et vos lecteurs.

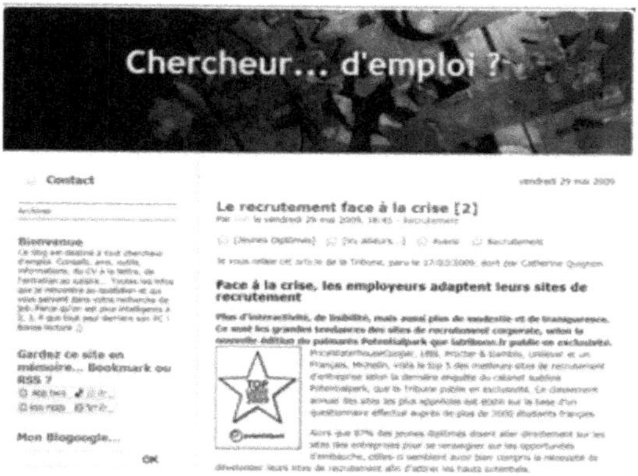

A éviter : le dernier billet de ce blog date de 2009 !

Très bel exemple du blog de Joëlle Verbrugge (http://blog.droit-et-photographie.com/) qui est avocate et passionnée de photographie. Elle mêle avec bonheur les deux disciplines.

Les réseaux sociaux

Les réseaux sociaux se sont fortement développés ces dernières années. D'un côté, on trouve les réseaux grand public dont le plus connu est Facebook, et de l'autre, les réseaux à vocation professionnelle qui se sont également fortement développés comme Viadeo ou LinkedIn. Twitter est quant à lui très utile, aussi bien dans un cadre professionnel que personnel. Cela permet d'être en relation direct avec ses *followers*.

Si vous faites une différence entre Facebook, sur lequel vous affichez vos photos de vacances, et LinkedIn, sachez qu'un recruteur n'en fera pas forcément. Il faut donc veiller à ne pas mélanger le côté privé en l'ouvrant à tous et le côté professionnel sur le Web. Cet aspect est d'autant plus important dans les métiers juridiques dans lesquels la discrétion est une qualité nécessaire.

Vous pouvez tout à fait garder votre profil Facebook en le réservant à votre réseau amical à partir des options mises à disposition dans le gestionnaire de votre compte.

Misez plutôt sur un profil ouvert dans votre environnement professionnel, surtout en période de recherche d'emploi. Vous pourrez ainsi entrer en contact avec des personnes que vous auriez eu des difficultés à atteindre sans le réseau.

La première étape consiste à vous créer un profil en y insérant votre formation, vos expériences, vos compétences et vos hobbies. Vous pouvez également vous inscrire à des *« hubs »,* communautés en ligne qui regroupent des internautes ayant un centre d'intérêt en commun ou ayant fait la même école. La plupart des sites vous proposent aussi de vous mettre en relation avec des contacts potentiels qui ont des points communs avec vous : école, formation, etc. Il est également possible de s'adresser directement à des personnes pour les intégrer dans votre carnet d'adresses.

Solliciter un réseau s'anticipe, que cela soit un réseau sur Internet ou le réseau d'un club professionnel où les rencontres sont physiques. On n'y adhère pas le jour où l'on a besoin d'un service. Pour recevoir, il faut commencer par donner. L'objectif est de faire vivre son réseau en donnant de l'information, en mettant en relation des contacts entre eux et en proposant ses services si besoin. C'est seulement à partir de ce moment que vous pourrez à votre tour solliciter des personnes pour demander des conseils ou de l'information sur une entreprise, etc.

Une petite astuce existe pour faire vivre son profil et faire partie des actualités. Mettez à jour vos informations personnelles même si vous ne faites que de menues modifications, le réseau mettra en avant la mise à jour de votre profil au même titre que lorsque vous avez un nouveau contact.

Attention à votre cyber-réputation

N'importe qui peut devenir producteur d'images, de contenus, de vidéos. C'est fantastique, mais il y a le revers de la médaille : il est difficile de maîtriser la diffusion des informations. Tout est intéressant et amusant d'un point de vue personnel, mais nous pouvons très vite déchanter dans un environnement professionnel beaucoup moins tolérant.

Avez-vous déjà fait une recherche dans Google ou dans un autre moteur de recherche sur votre nom ? Si ce n'est pas le cas, il est urgent de le faire pour découvrir ce que Google référence sur vous. En effet, vous pourriez avoir des surprises. Des amis qui vous veulent du bien ont peut-être étiqueté des photos de vous sous votre nom avec un verre à la main. Ce sont des choses qui arrivent, tout particulièrement avec le développement de Facebook.
Il en est de même avec les forums qui conservent pendant des années les échanges entre internautes. Des propos déplacés que vous avez tenus quand vous aviez 15 ans seront toujours en ligne cinq ou dix ans plus tard. Internet a une immense mémoire, bien plus grande que la vôtre.

Alors que faire, quand on sait que presque tous les employeurs consultent le profil Internet des candidats à une embauche ? Un candidat qui tient des propos trop éloignés des valeurs d'une entreprise ou de son image sera irrémédiablement mis de côté par un recruteur.

Ce qu'il faut faire pour éviter les problèmes

- Limiter les accès à votre profil sur des réseaux tels que Facebook à vos amis proches en utilisant les paramètres de gestion de votre compte.
- Faire en sorte que sur les réseaux professionnels (Viadeo, LinkedIn, etc.), votre CV et toutes les informations pouvant figurer sur le Web soient cohérents.
- Taper votre nom régulièrement dans la recherche Google pour vérifier quelles informations apparaissent.

Si jamais Google livre des informations que vous jugez gênantes sur vous, plusieurs solutions sont envisageables. Vous pouvez :
- créer plusieurs pages personnelles et plusieurs blogs. Référencez-les correctement à partir de votre nom afin de noyer les autres résultats que vous souhaitez voir repoussés loin des premières pages de résultats ;
- contacter les sites qui gèrent les informations que vous voulez voir disparaître ;
- faire appel à une société spécialisée en *e-reputation*. Ces entreprises ont un savoir-faire pour débarrasser Internet des pages peu valorisantes qui vous concernent.

Comment se renseigner sur les entreprises ?

Que vous vouliez mieux connaître une entreprise pour prospecter ou pour répondre à une annonce, il est indispensable d'obtenir des renseignements précis sur votre cible. Internet a considérablement facilité ce travail car la plupart des entreprises ont un site web dans lequel elles présentent leur activité, leur organisation, leurs dirigeants, leurs produits et leurs services. Votre travail n'en sera que facilité.

Cette mise à disposition d'informations facilement accessibles a un revers. Lors d'un entretien, vous devez avoir impérativement consulté le site de l'entreprise et avoir retenu les données essentielles. Un recruteur ne comprendrait pas que vous n'ayez pas fait au minimum ce travail.

Les informations à rechercher

La première question à se poser lorsque vous cherchez des informations sur une entreprise est quel est précisément son métier. A travers cette question se pose la question du *business model*, c'est-à-dire de quelle façon elle gagne de l'argent.

A titre d'exemples, dans plusieurs secteurs d'activité

La répartition des ventes du groupe LVMH est de :

- 15 % en vins et spiritueux ;
- 35 % en maroquinerie ;
- 13 % en parfum et cosmétiques ;
- 10 % en montre et joaillerie ;
- 27 % en distribution sélective et autres activités.

Le chiffre d'affaires du groupe TF1 est réalisé à :

- 57,4 % par des revenus publicitaires ;
- 13,5 % par l'édition et la distribution ;
- 12,9 % par la télévision numérique ;
- 12,2 % par les chaînes thématiques ;
- 3,5 % par la production et les droits audiovisuels.

(Source : rapport d'activité du groupe TF1 2011.)

Google réalise plus de 97 % de son chiffre d'affaires grâce à la publicité *(source www.webrankinfo.com)*.

La répartition du chiffre d'affaires donne des éléments pour comprendre d'où proviennent les revenus de l'entreprise. Lorsque les entreprises sont plus petites que celles prises en exemple, il est plus difficile d'obtenir des données. Mais lors d'un entretien avec un recruteur, c'est l'une des questions à poser car vous devez comprendre d'où proviennent les revenus afin de savoir dans quelle entreprise vous allez peut-être être recruté. Il faut éviter de s'orienter vers des entreprises qui déclinent ou qui présentent peu de potentiel.

Vous pouvez vous reporter plus haut, aux paragraphes « Quels sont les secteurs d'activité et les entreprises ciblés ? » (p. 111) et « Cibler une fonction et un secteur » (p. 132) afin de connaître les moyens mis à votre disposition pour vous renseigner sur les entreprises.

En complément, pensez à consulter les sites des syndicats professionnels ou les fédérations afin d'obtenir des informations de tendances sur les marchés. Cela complétera utilement les informations que vous pourrez récupérer par ailleurs.

6| LA DÉMARCHE RÉSEAU POUR TROUVER UN EMPLOI

La démarche réseau est la méthode la plus efficace pour trouver un emploi car elle permet d'avoir accès à 75 % du marché caché de l'emploi. Le réseau est donc *le* vecteur de recherche qu'il ne faut pas négliger.

La démarche réseau

La démarche consiste à rencontrer des professionnels dans des domaines et des postes que vous convoitez. L'objectif n'est pas de demander à vos interlocuteurs un poste : vous obtiendrez dans 98 % des cas une réponse négative, sans parler du fait que vous allez mettre votre contact mal à l'aise.

La démarche réseau a en fait plusieurs objectifs :
- vous faire connaître auprès d'un maximum de personnes ;
- collecter de l'information sur un secteur, sur un poste, sur une entreprise, etc. ;
- confronter votre projet à des professionnels ;
- obtenir des contacts pour poursuivre votre démarche ;
- créer un réseau.

Les personnes qui décrochent les postes sont présentes au bon moment et au bon endroit. Seule la démarche réseau permet cela en l'absence d'annonce d'emploi classique.

N'oubliez pas que la démarche réseau donne accès aux trois quarts du marché de l'emploi, ce qui signifie que si vous ne l'utilisez pas, vous divisez par quatre vos possibilités de décrocher un job.

La préparation de votre démarche

La démarche n'est pas naturelle pour la plupart d'entre nous. Par peur d'aller vers l'autre, de déranger, de demander, cette méthode n'est pas la plus utilisée. Dans un premier temps, il faut surmonter ses craintes et se lancer. Les premiers rendez-vous seront peut-être un peu difficiles, mais vous vous apercevrez que la plupart de vos contacts vous recevront facilement.

La démarche se prépare et se construit. Il faut identifier son réseau actuel et s'en servir comme base de départ. Sachant qu'il est plus prudent de commencer par les contacts qui vous semblent les moins intéressants dans le cadre de votre recherche afin de vous entraîner et de roder votre discours. Les contacts à forts potentiels doivent être entrepris dès que votre méthode sera au point et fluide.

Un des prérequis pour se lancer dans la démarche est d'avoir finalisé son projet professionnel et d'être capable de le présenter en quelques phrases. C'est ce que l'on appelle un *pitch*. Cette présentation doit être synthétique, accrocheuse et vendeuse. Vous devez également être en mesure de développer un point en particulier de votre discours si votre contact vous le demande.

Vos cibles doivent être clairement identifiées. Ce sont les entreprises que vous avez détectées lors de l'élaboration de votre projet professionnel. Pour suivre l'avancement de votre démarche réseau, mettez en place un tableau de bord pour répertorier le nom des sociétés, le nom et la fonction des contacts, les dates des appels téléphoniques, le nom des assistant(e)s (si possible), les dates de rendez-vous, etc.
Pour trouver les noms, il faut lire la presse, surfer sur les réseaux sociaux (Viadeo, LinkedIn) et visiter le site de des entreprises.

Les rendez-vous

Le principe de la démarche réseau ou de l'approche directe est de rencontrer des professionnels qui sont potentiellement des employeurs/recruteurs. La probabilité de tomber dès les premiers rendez-vous sur une personne qui souhaite embaucher une personne qui a votre profil est faible. C'est tout l'intérêt de la démarche réseau qui va vous permettre de rencontrer des dizaines de personnes avec lesquelles vous allez échanger sur votre projet, leur secteur d'activité, l'actualité, etc.

Pour les premiers rendez-vous, adressez-vous à votre cercle direct de connaissances professionnelles. C'est ce que l'on appelle le réseau primaire. Rodez votre mécanique sur les points suivants :

• le discours à tenir pour la prise de rendez-vous par téléphone ;
• les propos et la posture à tenir lors de l'entretien (le *pitch* pour se présenter, les échanges, la conclusion) ;
• le pilotage de l'entretien.

N'oubliez pas que l'objectif de votre démarche est d'accéder au marché caché en obtenant des nouveaux contacts et d'affiner votre projet professionnel.

Au téléphone, le discours à tenir pour obtenir un rendez-vous est le suivant : « J'ai élaboré un projet professionnel pour travailler en tant que juriste d'entreprise dans le domaine de [...] et je souhaite valider certains points avec vous qui avez une expérience dans ce secteur. Pourriez-vous me recevoir le jour de votre choix pour échanger ? »

Lors de l'entretien, vous devez commencer par rappeler l'objectif de votre visite en faisant le lien avec la personne qui vous recommande, puis déterminer une durée à l'entretien avec l'accord de votre interlocuteur. Ensuite, pour vous présenter efficacement, déroulez votre *pitch*. A partir de là, plusieurs cas de figure peuvent se présenter :

• le cas le plus fréquent est un échange entre vous et votre hôte. L'objectif est de ressortir avec des noms de contacts potentiels en pouvant se recommander de votre hôte ;

• l'interlocuteur part sur des sujets annexes. C'est à vous de recentrer le débat. Vous devez mener l'entretien ;
• vous vous apercevez en cours d'entretien que votre contact recrute. Donnez l'impression que vous êtes intéressé mais attention, ne vous précipitez pas car cela pourrait supposer que vous n'avez aucune autre piste en cours, ce qui n'est jamais bon ;
• votre interlocuteur est informé qu'une de ses connaissances recherche une personne qui a votre profil. Si vous semblez crédible, votre contact vous fournira ses coordonnées.

Lors de votre rendez-vous, il ne faut surtout pas demander un emploi ou sortir son CV. Ce n'est pas l'objectif. Le but est de multiplier les rencontres afin de se retrouver à un moment donné face à un contact qui cherche à recruter une personne ayant votre profil. C'est en vous montrant sous votre meilleur jour et en ayant un projet professionnel bien abouti que votre interlocuteur vous tendra une perche en pensant qu'il se verrait embaucher quelqu'un comme vous. C'est à ce moment-là que votre démarche réseau basculera vers un entretien de recrutement.

Le suivi des rendez-vous

Un des points importants dans la démarche réseau est la gestion des rendez-vous, des relances, des remerciements, etc. Pour bien faire, il faut professionnaliser sa démarche. Au bout de quelques semaines ou de quelques mois, vous serez submergé par le nombre d'informations à traiter. Un tableau de suivi tenu à jour après chaque action est nécessaire pour gérer sa démarche.

Tableau de suivi des contacts

Entreprise	Nom contact	Tél.	E-mail	Recommandé par	Appelé le	Relancé le	RV le	Données de sortie

Il est également nécessaire de dresser un compte rendu de vos entretiens afin de compiler les informations recueillies, les contacts récupérés, etc.

EXEMPLE D'UN MODÈLE DE COMPTE RENDU D'ENTRETIEN RÉSEAU

Date de l'entretien :
Nom de l'interlocuteur :
Fonction :
Interlocuteur recommandé par :
Société :
Adresse :
Téléphone :
E-mail :
Nom de l'assistant(e) :
Impression globale :
Retour sur mon projet professionnel :
Informations recueillies sur le marché :
Informations recueillies sur le métier :
Informations recueillies sur la société :
Autres informations :
Noms des recommandations obtenues :
Mot de remerciement envoyé le :

7| LE RECRUTEMENT

En étudiant l'étymologie du mot « recrutement », on trouve le mot latin *crescere,* qui signifie « croissance ». Ce mot explique à lui seul la psychologie dans laquelle se trouve le recruteur. Celui-ci cherche le candidat qui arrivera avec de nouvelles idées et de nouvelles méthodes et pourvu d'une grande motivation. Vous devez donc garder à l'esprit cette attente du recruteur. Il cherche la perle rare pour travailler avec lui ou pour le compte d'un tiers. Quel que soit le métier pour lequel vous postulez – juriste d'entreprise, huissier, clerc de notaire, avocat, etc. –, le recruteur attend de l'efficacité, de l'efficience et de la performance. Vous serez donc évalué sur votre contribution et vos résultats, à court ou à moyen terme.

Plus vous avancerez dans le processus de recrutement, plus vous rencontrerez des interlocuteurs avec des responsabilités en lien avec la performance de l'entreprise. Il est donc nécessaire de démontrer votre capacité à créer de la valeur. C'est ce que recherche un manager.

Bien évidemment, à cela s'ajoutent les compétences liées à votre métier, votre savoir-faire et votre savoir-être.

Durant tout le processus de recrutement, il est nécessaire de rassurer votre interlocuteur sur vos compétences et sur le fait qu'il va faire le bon choix en vous sélectionnant.

Comment se déroule un recrutement ?

Du point de vue de l'entreprise, un recrutement est un investissement et une prise de risque. Un processus de recrutement s'étale sur plusieurs mois. De nombreuses personnes interviennent tout long de celui-ci :

- les opérationnels qui font état d'un besoin et qui doivent vendre en interne une création de poste ou un remplacement ;
- les dirigeants qui valident la demande de recrutement ;
- les ressources humaines qui mettent en place le processus de recrutement ;
- éventuellement, un cabinet de chasseurs de têtes.

Le recruteur va chercher la meilleure adéquation entre l'entreprise, le poste et une personne. Pour cela, il va rencontrer de nombreux candidats potentiels.

Il faut savoir que le recrutement pour une entreprise ne se cantonne pas à faire passer des entretiens à des candidats. C'est un projet plus vaste qui rassemble de nombreuses personnes. Le point important en entretien est de déterminer qui est/sont le(s) décisionnaire(s) du recrutement. C'est vital pour comprendre les rapports de force dans l'entreprise.

Les grandes étapes du recrutement

Lorsqu'on est candidat à un poste lors d'un recrutement, les délais semblent toujours longs. Il y a peut-être des procédures longues et complexes à suivre et les circuits de décision impliquent parfois plusieurs personnes. Cela s'explique par le fait qu'un recrutement est toujours important et que les entreprises veillent au maximum à embaucher la bonne personne au bon endroit.

Voici les grandes étapes du **processus de recrutement** d'une société.

Etape 1 : expression du besoin

Une direction ou des opérationnels détecte(nt) un besoin suite à un départ, à une charge de travail plus importante ou à une carence de compétences dans un domaine particulier.

Etape 2 : validation par la direction de la demande de poste

Une demande de création de poste ou de remplacement est faite et il est souvent nécessaire que cette requête soit validée par la direction des ressources humaines et/ou la direction financière et/ou la direction générale. Cela dépend du processus interne et de la taille de l'entreprise.

Etape 3 : définition du poste et des missions

Un poste est défini ainsi que les missions qui s'y rattachent. C'est le demandeur d'origine qui fixe le contenu du poste et le rattachement hiérarchique de la personne concernée.

Etape 4 : le profil du candidat

Le demandeur du poste décrit le profil en termes d'expérience, de diplôme, de compétences nécessaires.

Etape 5 : les sources de recrutement

La direction des ressources humaines se charge de passer une annonce dans les médias spécialisés ou de sous-traiter le recrutement à un chasseur de têtes.

Etape 6 : la campagne de recrutement

L'annonce est passée et l'entreprise reçoit des candidatures externes ou internes.

Etape 7 : le tri

Au bout de quelques jours, le tri des candidatures est effectué par rapport aux critères du profil. S'il y a peu de candidatures sélectionnées, l'annonce est repassée ou les critères du profil sont assouplis.

Etape 8 : mise en relation avec les candidats

Les candidats retenus sont contactés. Un premier contact peut avoir lieu par téléphone pour effectuer un premier tri.

Etape 9 : les entretiens

Un, deux, trois, quatre entretiens sont possibles. Tout dépend des organisations. Des tests de personnalité, de logique, psychologiques peuvent être passés. Une « *short list* » de candidats est alors établie.

Etape 10 : la décision

Le candidat est choisi par sa future hiérarchie.

Etape 11 : l'intégration

Période sensible aussi bien pour le candidat que pour l'entreprise. Celle-ci doit faciliter l'insertion dans la société à travers un plan d'intégration.

Maintenant que vous avez une vue globale et plus précise, vous comprenez mieux l'investissement que réalise une entreprise dans un recrutement.

Comment gérer un entretien avec un recruteur ?

Les premières minutes, voire secondes, sont capitales lors de votre entretien. Votre tenue vestimentaire, votre poignée de main, votre attitude, votre sourire, votre prestance sont immédiatement évalués au même titre que vous évaluez votre recruteur. S'il arrive avec une cravate tachée, la main moite et qu'il regarde ailleurs en vous serrant la main, vous estimerez probablement que cette personne n'est peut-être pas à la hauteur de la situation. L'inverse est vrai également…

Il y a deux facteurs clés de succès qui vous aideront à réussir vos entretiens face aux recruteurs :
- préparer chaque entretien pour être plus percutant ;
- passer le plus d'entretiens possible pour acquérir des automatismes.

Les questions que l'on peut vous poser

Pouvez-vous vous présenter ?

Il faut pouvoir vous présenter en deux minutes maximum. Bien évidemment, cette présentation se prépare. Elle doit vous décrire professionnellement et donner quelques informations personnelles (par exemple âge, nationalité si cela a un intérêt pour le poste, langues parlées, etc.). Ecrivez votre texte de présentation, testez-le auprès de votre entourage et apprenez-le dès qu'il est au point. Entraînez-vous chez vous avec un chronomètre car lorsque l'on parle, on ne se rend pas compte du temps qui passe.
Si le recruteur vous le demande, vous devez également être capable de vous présenter en version longue de sept à huit minutes avec un niveau de détails plus important.
Il se peut que le recruteur vous demande de parler en détail d'un point particulier qui l'a particulièrement intéressé. Vous l'avez bien compris : seule une préparation poussée peut vous permettre de donner une bonne impression en début d'entretien.

Quelles sont les raisons qui vous ont poussé à répondre à cette annonce ?

Pour répondre de manière pertinente à cette question, il faut avoir au préalable visité le site Internet de l'entreprise, regardé en détail ses activités et la manière dont le poste pour lequel vous postulez contribue au développement de la société.
Face à ce type de question, il ne faut jamais critiquer son dernier employeur même si vous ne vous entendez plus avec lui et que vous rencontrez des difficultés. Vous pouvez dire que vous ne pouvez pas

évoluer et que vous avez fait le tour de vos missions. Ces arguments sont classiques mais acceptables par un recruteur. Il est nécessaire également de montrer votre envie d'obtenir le poste pour lequel vous êtes là.

Quels sont vos qualités et vos défauts ?

Il faut éviter de tomber dans les qualités et défauts qui n'apportent rien à votre interlocuteur. Par exemple : « Je suis exigeant », « J'ai les défauts de mes qualités », etc.
Les défauts que vous pouvez avancer sont les suivants, à la condition qu'ils soient réellement les vôtres :

- « Je suis parfois un peu lent dans la gestion de mes dossiers car je suis très soigneux, mais j'ai appris à m'occuper moins des détails pour aller plus vite. » ;
- « Je suis très bavard. Cela cache un peu d'anxiété mais cela me permet de me détendre et de lier plus facilement des bons rapports avec les autres. » ;
- « Je peux paraître en retrait dans les réunions car j'interviens peu. C'est mon mode de fonctionnement, je m'attache peu aux détails et j'interviens uniquement sur les points qui me paraissent essentiels pour le projet. » ;
- « Je mets un peu de temps à me sentir en confiance. Je suis un peu froid mais rapidement je commence à me sentir à l'aise dans un groupe. » ;
- « Je suis souvent en retard mais je fais des gros efforts pour arriver à l'heure comme aujourd'hui. ».

Voici quelques autres exemples de questions :

- Qu'est-ce que le droit pour vous ?
- Qu'avez-vous de plus qu'un autre candidat ?
- Comment cherchez-vous du travail ?
- Avez-vous envoyé votre candidature à d'autres entreprises ? Si oui, lesquelles ?
- Combien de temps pensez-vous rester chez nous si vous êtes recruté sur ce poste ?

- Que savez-vous de notre entreprise ?
- Connaissez-vous nos concurrents ?
- Quelle image avez-vous de notre entreprise ?
- Quel est le fil rouge de votre parcours ?
- Quelle est selon vous l'ambiance de travail idéale ?
- Est-ce que cela vous gêne d'être managé par un homme/une femme ?
- Est-ce que cela vous gêne d'être managé par une personne plus jeune que vous ?
- Pourquoi avez-vous suivi cette formation ?
- Pourquoi avez-vous choisi cette option dans votre formation ?
- Faites-vous partie de l'association des anciens de votre école ? Pourquoi ?
- Quelles langues parlez-vous ? Seriez-vous capable de continuer notre entretien dans cette langue ?
- Comment avez-vous financé vos études ?
- Pourquoi voulez-vous quitter votre poste ?
- Comment vous entendez-vous avec votre manager actuel ?
- Est-ce que votre manager sait que vous cherchez du travail ?
- Pourquoi cherchez-vous du travail alors que vous n'êtes dans votre entreprise que depuis deux ans ?
- Quels sont les outils informatiques que vous maîtrisez ?
- Comment occuperiez-vous le premier mois de votre prise de fonction ?
- N'avez-vous pas peur de vous ennuyer à ce poste ?
- Prenez-vous rapidement vos décisions ?
- Quelle limite vous fixez-vous entre vie privée et vie professionnelle ?
- Que pensez-vous apporter à notre entreprise ?
- Quel type de manager êtes-vous ?
- Qu'est-ce que votre chef actuel pourrait dire de vous ?
- Lorsque vous prenez une mauvaise décision ou que vous avez commis une erreur, comment vous y prenez-vous pour gérer la situation ?
- Racontez-moi votre plus belle réussite.
- Qu'est-ce qui vous fait avancer ?
- Comment réagissez-vous en cas de conflit ?
- Quelle est la plus grande difficulté que vous ayez rencontrée dans votre travail ?

- Comment déléguez-vous des tâches à un collaborateur ?
- Quelle est votre disponibilité ?
- Quelles sont vos prétentions salariales ?
- Pratiquez-vous un sport ?
- Quels sont vos loisirs et vos passions ?

Les questions que vous pouvez poser

- Le poste à pourvoir est-il une création ou un remplacement ?
- Pourquoi la personne qui occupait ce poste est-elle partie ?
- Comment l'entreprise est-elle organisée ?
- Où se situe le poste proposé dans l'organigramme ?
- Quelle est la croissance de votre entreprise ?
- Quelles sont les perspectives de parcours que votre entreprise peut proposer pour une personne qui s'investit fortement ?
- Mettez-vous en place des parcours d'intégration pour les nouveaux arrivants ?
- Quels sont les objectifs à trois mois du poste ?
- Quelle est votre culture d'entreprise ?
- Quels sont les grands projets de l'entreprise ?
- Quelle est la stratégie de l'entreprise ?
- Qu'attendez-vous principalement de la personne recrutée ?
- Quelle est votre politique de formation des salariés ?
- Quel est le périmètre précis de responsabilité de ce poste ?
- Y a-t-il des entretiens d'évaluation avec le manager chaque année ?
- Le poste est-il évolutif ?

La négociation de salaire

La négociation salariale est toujours un moment délicat à gérer qui peut générer quelques tensions.

Du côté de l'entreprise, une fourchette ou un montant maximum ont été décidés pour la nouvelle embauche. Ce qui signifie qu'il y a quasiment à chaque fois une marge de négociation, à condition de mettre en place quelques règles.

L'objectif de la négociation n'est pas de créer un rapport de force mais de trouver un terrain d'entente qui satisfera les deux parties. N'oubliez pas que cette négociation fait partie intégrante du recrutement et qu'un dérapage de votre part pourrait vous faire perdre le poste.

Lors des entretiens, vous avez annoncé votre salaire actuel et/ou le montant que vous souhaitez dans votre nouveau poste. En ce qui concerne votre salaire, il faut penser à tout intégrer y compris vos avantages (ordinateur portable, téléphone mobile, intéressement, participation, primes, etc.). Lorsque vous exprimez votre souhait de salaire, annoncez une fourchette qui représente une augmentation de 10 et 20 % de votre rémunération actuelle. Si vous êtes débutant, de nombreux magazines et sites Internet proposent des moyennes de salaires selon le niveau d'études, la formation et les secteurs d'activité. Utilisez cette base pour élaborer une proposition à l'entreprise.

Le salaire d'embauche est important, n'hésitez pas à négocier. La marge de progression potentielle dans les années à venir est également importante. Renseignez-vous précisément sur ce point.

Au moment où vous êtes en négociation en face du recruteur, soyez convaincu de ce que vous demandez. Convaincu ne signifie pas agressif mais déterminé, posé et calme. Comprenez les critères de votre interlocuteur, apportez les preuves de vos compétences grâce aux réalisations probantes que vous avez préparées.

Les différents types de contrats de travail

Avant de découvrir les règles du CDI et du CDD, il faut savoir qu'un contrat de travail existe dès lors qu'une personne s'engage à travailler en échange d'une rémunération sous la direction d'une autre personne, l'employeur. Sans l'existence d'un contrat de travail écrit, la fiche de paye fait office de preuve. L'absence de fiche de paye et de contrat conduit au travail au noir.

Il existe de nombreux types de contrats de travail mais ceux que vous allez probablement rechercher et rencontrer le plus souvent sont le contrat à durée indéterminée (CDI) et le contrat à durée déterminée (CDD). Il n'est sûrement pas utile de vous préciser que la plupart des personnes convoitent un CDI pour la sécurité de l'emploi et le confort qu'il apporte. Obtenir un CDI permet de se projeter dans l'avenir et de construire des projets personnels en s'assurant un revenu régulier. Du côté de l'employeur, il y a également des avantages en embauchant un salarié en CDI. Cela lui permet d'avoir une personne motivée dans la durée qui ne se sent pas de passage. L'implication est souvent plus forte.

Le contrat de travail existe dès l'instant où une personne, le salarié, s'engage à travailler, moyennant rémunération, pour le compte et sous la direction d'une autre personne.

Les règles du CDI

Le CDI est la forme normale du contrat de travail passé entre un employeur (une entreprise appelée la « personne morale » ou un commerçant exerçant en nom propre) et le salarié. Ce contrat est sans limite de durée.
Les engagements réciproques de l'employeur et du salarié sont en général écrits dans un document appelé « contrat de travail ». Celui-ci est signé par les deux parties en signe d'accord et d'engagement.

Le contrat mentionne les éléments essentiels :
- la période d'essai ;
- l'emploi occupé ;
- la convention collective de l'entreprise ;
- la rémunération fixe et variable, si cette dernière existe ;
- les horaires ;
- le lieu de travail ou éventuellement une zone géographique.

Et de manière optionnelle :
- un objectif pour les commerciaux ;
- une clause de non-concurrence ;
- éventuellement une clause de dédit-formation*.

La période d'essai

Tous les contrats, CDI ou CDD, débutent par une période d'essai. Durant cette période, le salarié et l'employeur peuvent rompre le contrat quand ils veulent sans avoir à se justifier. Pour le salarié, la période d'essai sert à faire partiellement ses preuves, à découvrir l'entreprise et à voir si le poste pour lequel il a été engagé correspond à celui qui lui a été présenté en entretien et pour lequel il a signé.
Pour l'employeur, la période d'essai est utilisée pour voir si le salarié s'intègre dans l'entreprise et montre des signes positifs prouvant qu'il commence à prendre des initiatives et à maîtriser partiellement quelques missions de son poste.

Selon la durée de la période d'essai, il est fréquent qu'elle ne soit pas suffisante pour que le jeune embauché puisse se faire une idée du poste et inversement, pour que l'employeur découvre son salarié. C'est pour cela que l'entreprise peut demander un prolongement de la période quand elle a un doute sur les compétences de la personne embauchée ou sur son savoir-être. Certaines organisations pratiquent systématiquement cette prolongation. Elles préviennent généralement dès l'embauche afin que le salarié ne se pose pas de questions inutiles.

Certains appellent la période d'essai la « période greffe ». Cette appellation est très imagée, mais elle décrit bien le mariage qui doit s'opérer entre un nouveau salarié et une entreprise.

* Une clause de dédit-formation a pour objet d'exiger d'un salarié ayant bénéficié d'une formation entièrement financée par l'entreprise de rester un certain temps au service de ladite entreprise (définition de www.service-public.fr).

Les règles du CDD

Le contrat à durée déterminée ne peut avoir lieu que pour une tâche précise et temporaire.
Il doit obligatoirement faire l'objet d'un écrit. Il doit être conclu uniquement pour une durée temporaire. S'il est conclu pour une activité durable liée à l'activité normale et permanente de l'entreprise, il pourrait être considéré comme un contrat à durée indéterminée.

Le contenu du contrat écrit doit mentionner les éléments suivants :
- la mention « contrat à durée déterminée à objet défini » ;
- l'intitulé et les références de l'accord collectif qui institue le contrat ;
- une clause descriptive du projet et mention de la durée prévisible ;
- la définition des tâches pour lesquelles le contrat est conclu ;
- l'événement ou le résultat objectif déterminant la fin de la relation contractuelle ;
- le délai de prévenance de l'arrivée au terme du contrat et, le cas échéant, de la proposition de poursuite de la relation de travail en contrat à durée indéterminée ;
- une clause mentionnant la possibilité de rupture à la date anniversaire de la conclusion du contrat par l'une ou l'autre partie pour un motif réel et sérieux et le droit pour le salarié, lorsque cette rupture est à l'initiative de l'employeur, à une indemnité égale à 10 % de la rémunération totale brute du salarié.

Ce qu'il faut également savoir concernant le CDD, c'est qu'il donne droit à une indemnité de 10 % de sa rémunération totale brute à la fin de sa durée. Si le CDD débouche à l'issue du contrat sur un CDI, cette indemnité ne sera pas versée par l'entreprise.

Le statut des avocats

Il faut noter que les avocats peuvent exercer sous deux statuts différents, en tant qu'avocat collaborateur libéral ou salarié.

L'article 14 (statut de l'avocat collaborateur libéral ou salarié, Loi PME 2 août 2005, art. 18 ; L. 31 déc. 1971, art. 7 ; D. 27 nov. 1991, art. 129 à 153, modifié par DCN n° 2010-003, AG du Conseil national du 24-09-2010 - JO 7 janvier 2011) définit la collaboration libérale et la collaboration salariée.

Les grands principes sont les suivants (extrait de l'article 14) :
• La collaboration libérale est un mode d'exercice professionnel exclusif de tout lien de subordination, par lequel un avocat consacre une partie de son activité au cabinet d'un ou plusieurs avocats.
• Le collaborateur libéral peut compléter sa formation et peut constituer et développer une clientèle personnelle.
• La collaboration salariée est un mode d'exercice professionnel dans lequel il n'existe de lien de subordination que pour la détermination des conditions de travail.
• Le collaborateur salarié ne peut avoir de clientèle personnelle, à l'exception de celle des missions d'aide juridique pour lesquelles il est désigné par le bâtonnier.
• Le contrat de travail de l'avocat collaborateur salarié est régi par le droit du travail et par la convention collective signée le 17 février 1995, pour toutes les dispositions autres que celles de la loi du 31 décembre 1971 modifiée et du décret du 27 novembre 1991, ainsi que par les principes essentiels de la profession.

8| LES PREMIERS PAS DANS UN NOUVEAU POSTE

Quelles sont les règles de l'entreprise ?

Il y a deux types de règles à découvrir lorsqu'on arrive dans une nouvelle entreprise.

Le premier type de règles est ce que l'on appelle le règlement intérieur. C'est un document qui informe les salariés et qui fixe les règles des sociétés de plus de vingt salariés dans les domaines de l'hygiène et de la sécurité. En matière disciplinaire, il contient également des clauses qu'il est intéressant de découvrir pour comprendre l'état d'esprit dans lequel l'entreprise est administrée.

Le second type concerne des règles qui ne sont pas écrites mais qui sont extrêmement importantes. Elles constituent en partie la culture d'entreprise. Seuls l'observation, l'écoute, le questionnement des personnes en place vous feront découvrir ces règles au fil des jours, des semaines et des mois. A titre d'exemples, faut-il serrer la main de ses collègues le matin en arrivant ou un simple bonjour est-il suffisant ? Est-ce que vos collègues vont déjeuner ensemble fréquemment ? Est-il dans les habitudes de demander à son supérieur hiérarchique de déjeuner avec lui ? Est-ce que l'entreprise est portée vers le consensus c'est-à-dire que les décisions sont partagées et longues à prendre ?

Toutes ces questions qui peuvent sembler anodines sont importantes. Si vous ne déjeunez pas avec vos collègues, ils peuvent mal l'interpréter. Si en réunion, vous manifestez des signes d'impatience car il faut que dix personnes donnent leur avis pour aboutir à une décision et que cela prend une heure, et si vous faites remarquer que l'horloge tourne et que l'on pourrait aller plus vite, vous risquez de choquer les anciens en place.

Soyez prudent, observez les modes de fonctionnement, posez des questions de manière ouverte car si vous allez dès les premiers jours à contre-courant des habitudes et des règles tacites, vous risquez d'aller au-devant de difficultés, sauf si vous avez été averti clairement par votre hiérarchie d'une volonté ferme de changer les choses.

Quels sont vos objectifs durant les premiers mois ?

Dès les entretiens d'embauche, vous avez intérêt à obtenir des informations sur les priorités durant les premiers mois de votre prise de fonction. Cela est utile pour prendre sa décision en cas de proposition d'embauche et pour évaluer le *challenge* de départ.

Si, lors de votre arrivée, votre supérieur hiérarchique ne vous parle pas des priorités, proposez-lui des priorités ou demandez-lui des objectifs précis sur les actions à lancer et sur les livrables à rendre, ainsi qu'un calendrier associé. La période d'essai est un moment délicat à passer et il est nécessaire que les règles du jeu soient claires pour tous.

Quelles sont les personnes clés à rencontrer ?

Chaque entreprise possède un organigramme qui décrit les responsabilités et les grandes missions de chacun. Si vous intégrez un poste de manager, vous devez rencontrer les principaux responsables de l'entreprise. Tout d'abord et tout simplement pour vous présenter, pour mieux comprendre la société. Le pouvoir n'est pas uniquement au niveau hiérarchique. Il existe dans une entreprise de nombreux liens invisibles qui peuvent relier les individus entre eux. Un de vos premiers objectifs est d'évaluer ce second organigramme invisible que l'on appelle un « sociogramme ». Ce sont les liens sociaux qu'une personne possède.

Pour détecter les personnes clés, différentes personnes peuvent vous aider : votre prédécesseur, les ressources humaines, vos collègues, etc.

Il est donc nécessaire de rencontrer les personnes clés de l'organigramme et du sociogramme car elles peuvent impacter directement sur les missions que vous allez mener.
Vos rencontres, en commençant si possible par le niveau hiérarchique le plus élevé, auront plusieurs objectifs :
- écouter ce qu'ils ont à dire sur l'entreprise ;
- partager leur vision ;
- prendre connaissance des problématiques ;
- comprendre l'entreprise et son fonctionnement ;
- évaluer leur pouvoir d'influence.

Pour votre première rencontre, il est nécessaire de préparer vos questions, par exemple : « Avez-vous des attentes particulières ? », « Quel projet vous tient à cœur ? », « Quelles sont selon vous les priorités ? », etc.

Il est également important de rencontrer certains clients et partenaires de l'entreprise afin d'obtenir un regard extérieur.

PARTIE V

TÉMOIGNAGES

1| VINCENT MAUREL, DIRECTEUR ASSOCIÉ AU SEIN DE FIDAL

« Un métier passionnant, mais interdit aux dilettantes... »

Premier cabinet d'avocats d'affaires en France, Fidal propose aujourd'hui à ses clients entreprises une offre juridique et fiscale globale sur tous les grands secteurs d'activité. Entré dans cette organisation en 1998, Vincent Maurel est avocat associé, spécialisé dans la gestion d'actifs et les énergies renouvelables.

Par quelles études êtes-vous passé pour devenir avocat au sein du cabinet Fidal ?

J'ai suivi un parcours universitaire classique, m'engageant après un bac littéraire dans des études de droit privé avant de décrocher le DJCE Droit des affaires de l'université de Poitiers. Une fois ce diplôme en poche, je suis parti à l'université de Cambridge dans le cadre d'un DEA (M2) de droit privé. De quoi donner une coloration internationale à mes études alors que j'avais déjà passé le premier semestre de mon année de maîtrise (M1) à l'université irlandaise de Galway. Je suis enfin diplômé d'une école d'avocats.

Pourquoi vous être lancé dans des études de droit ?

Il faut savoir que je suis issu d'une famille où les juristes sont nombreux... En plus de ce fort penchant familial, j'ai toujours aimé la polémique, la politique, la discussion et le débat. Une fois le bac en poche, le droit m'a donc semblé l'endroit où je pourrais le mieux exprimer ces divers goûts. A l'université, j'avoue avoir aussi été marqué par l'un de mes profs, Jean-Jacques Daigre, alors enseignant en licence et responsable du DJCE. Ce dernier m'a véritablement « attiré » vers le droit des affaires.

Comment avez-vous par la suite intégré le cabinet Fidal ?

J'ai découvert Fidal lors de plusieurs stages effectués dans le cadre de mes études. Suite à l'école d'avocats, j'ai reçu une proposition de collaboration pour intégrer la direction internationale du cabinet. Une offre que j'ai acceptée.

Quelles sont aujourd'hui vos missions ?

Spécialisé en « corporate M&A » – fusions et acquisitions – et dans le financement, j'interviens plus particulièrement dans deux secteurs d'activité : la gestion d'actifs et les énergies renouvelables.

Cela précisé, mon travail peut prendre différentes formes. Ainsi suis-je l'interlocuteur privilégié de certains clients auprès desquels je vais fournir au quotidien de vraies prestations de conseil et d'accompagnement sur leurs activités. Je peux aussi les orienter de manière privilégiée vers certains collègues de Fidal pour des questions plus particulières.

L'autre facette de mon travail consiste à intervenir sur des dossiers requérant mes compétences dans le cadre classique d'opérations de fusion-acquisition ou lors d'un financement « equity », auquel cas je pourrai participer à la mise en place du financement et à la rédaction de toute la documentation nécessaire à l'opération.

Si vous deviez définir votre métier… ?

Il s'agit avant tout d'un métier passionnant parce qu'il nous met en face de clients dont les besoins sont toujours différents. Travailler pour une PME ou une grande entreprise n'a rien à voir. Les demandes exprimées, de même que les interlocuteurs, seront ainsi très différents…

Mais cette activité est également très exigeante. Elle demande en effet de rester constamment en veille des réglementations. Il est par ailleurs nécessaire de très bien connaître les secteurs d'activité auxquels on s'adresse… Nos clients veulent que l'on comprenne leur métier, c'est tout à fait normal, et c'est indispensable pour leur proposer la prestation la plus adaptée.

Ce travail demande enfin une grande disponibilité. Si les horaires peuvent être assez souples, ce n'est pas le genre de job que l'on peut oublier en rentrant chez soi. Il faut enfin une grande capacité de travail, notamment durant les premières années d'activité. C'est en effet à ce moment que l'on se crée un premier réseau, et que l'on va acquérir une réputation, qu'elle soit bonne ou pas... En résumé, il s'agit d'un métier passionnant, mais interdit aux dilettantes...

2| CATHERINE PERCEREAU, JURISTE CHEZ DCNS

« La possibilité de découvrir le monde de l'entreprise... »

Juriste chez DCNS, Catherine Percereau participe à bon nombre des négociations que mène l'entreprise française au Moyen-Orient pour la vente de ses bâtiments de surface et autres sous-marins.

Comment vous êtes-vous lancée dans le droit ?
Très intéressée par l'art et l'histoire de l'art, je voulais à l'origine être commissaire-priseur. J'ai donc entamé le double cursus universitaire nécessaire fait d'histoire de l'art et de droit. Mais progressivement, je me suis rendu compte que cette dernière discipline était véritablement passionnante... J'ai donc finalement décroché un DESS (M2) en droit des affaires internationales avant de me spécialiser dans le droit à l'export. J'ai ensuite été embauchée au sein du groupe Bouygues.

Pourquoi avoir choisi ce métier de juriste d'entreprise ?
Je l'ai choisi pour la possibilité que j'aurais, à travers ce genre d'activité, de découvrir des entreprises de manière globale et sur le long terme, sans me cantonner forcément aux strictes questions de droit. Connaître d'autres métiers – commercial, achats, RH, ou encore services informatiques –, pouvoir suivre des dossiers commerciaux sur toute leur longueur, tout cela m'attirait.

Quelques mots sur votre parcours professionnel ?
Après avoir débuté chez Bouygues et travaillé à San Francisco ou encore à Hong Kong, j'ai notamment travaillé chez Coface où je me suis spécialisée dans le financement de ventes d'Airbus pour le compte de l'Etat français... Après plusieurs années passionnantes, j'ai enfin décroché un poste chez DCNS. De quoi vendre désormais des sous-marins...

En quoi consiste votre travail ?

Il s'agit d'accompagner l'entreprise lors des ventes de bâtiments de surface et de sous-marins, depuis les premières déclarations d'intention des clients potentiels jusqu'à la vente et l'après-vente, en passant par les diverses phases de négociation. Ma mission consiste à vérifier les conditions juridiques dans lesquelles les diverses démarches se déroulent et bien sûr à étudier les différentes clauses à ajouter aux contrats que nous négocions. Une tâche parfois difficile puisque certaines opérations importantes peuvent représenter jusqu'à une vingtaine de contrats.

Partie prenante de nombreuses négociations, je vais mettre ces discussions en forme sur des contrats qui résumeront tous les points abordés. Je vais aussi négocier spécifiquement avec mon vis-à-vis sur certaines clauses juridiques plus spécifiques comme les clauses de force majeure et autres clauses de résiliation, etc. A chaque fois, les enjeux de ces négociations sont lourds puisqu'ils peuvent porter sur d'importantes commandes et courir sur plusieurs années.

Quelles qualités faut-il pour réussir dans ce domaine ?

S'il est nécessaire d'être bon techniquement, il faut aussi être très réactif et capable de rédiger rapidement les clauses les plus importantes. Ce que l'on attend de vous, c'est de pouvoir rassurer vos collègues lors des négociations en leur enlevant tout souci d'ordre juridique. Il faut aussi être zen pour savoir résister à la pression. Je pense à la pression du client qui va claquer la porte ou faire durer les négociations plusieurs jours et nuits de suite pour tenter d'enlever les meilleurs contrats possible mais aussi à la pression de vos propres collègues qui, parfois, peuvent ne pas être d'accord avec vous sur certains points juridiques. Dans tous les cas, mon rôle consiste à informer des risques, à préconiser certaines limites, et prévenir des conséquences si l'on outrepasse ces limites. Sachant que la décision finale appartiendra toujours au chef de projet.

3| ROLAND KESSOUS, AVOCAT GÉNÉRAL HONORAIRE À LA COUR DE CASSATION, PRÉSIDENT DU COMITÉ D'ÉTHIQUE DE LA VIDÉO-PROTECTION

« A chaque activité humaine son domaine juridique. »

Ancien avocat général à la Cour de cassation, aujourd'hui président du comité d'éthique de la vidéo-protection, Roland Kessous demeure une figure emblématique de la magistrature française, co-fondateur du Syndicat de la magistrature et ancien vice-président de la Ligue des droits de l'homme.

Quelles sont selon vous les qualités indispensables pour réussir une carrière dans le droit ?

La première qualité est évidente : il faut être très travailleur. Le droit étant une discipline technique, il nécessite un apprentissage sérieux, qu'il s'agisse de droit pénal, privé, administratif ou encore fiscal... A chaque univers social correspond en effet un domaine juridique bien particulier. Il est d'abord nécessaire de découvrir cet environnement avant de se tourner, à mesure que l'on étudie, vers la matière que l'on appréciera le plus.

Autres qualités indispensables, la curiosité et une grande constance dans l'effort pour se tenir en permanence au courant des évolutions réglementaires très courantes dans ces métiers.

Cela dit, les disciplines juridiques ouvrent toutes les portes, depuis les métiers d'avocat, de magistrat ou de notaire jusqu'au monde de l'entreprise, le journalisme ou encore l'enseignement. Il s'agit d'études exigeantes mais payantes !

Quelles questions l'étudiant hésitant entre la magistrature, une carrière d'avocat ou un parcours de juriste doit-il se poser ?

Si on veut se tourner vers les professions d'avocat ou de magistrat, il faut d'abord privilégier le droit privé, le droit public étant davantage réservé aux concours administratifs et à la préparation de l'Ena.

Ces deux carrières se différencient par ailleurs en un point important : l'avocat est au service d'une cause ou d'un client alors que le magistrat est lui tourné vers la recherche de la vérité. Il se posera en tiers, vis-à-vis de deux parties, ne prenant fait et cause pour aucun des interlocuteurs. Son rôle se cantonnera à les départager en fonction du droit et des arguments qui lui seront avancés.

Ces métiers font-ils appel à des qualités ou des types de personnalité différents ?
Il est certain qu'un avocat doit être combatif et imaginatif. Même si sa cause semble perdue d'avance, il pourra toujours rechercher des solutions voire des vices de procédure. Le magistrat, lui, doit savoir écouter et réfléchir sans aucun préjugé et décider en fonction des éléments qui lui seront soumis pour trouver la solution la plus conforme au droit et à l'intérêt de la société.

On dit que le droit est de plus en plus présent dans notre société… Confirmez-vous ce discours et comment expliquez-vous cette tendance ?
Chacune ou presque de nos actions se trouve régie par un droit, quel qu'il soit. Nos sociétés devenant de plus en plus élaborées, il est normal que le droit soit, lui aussi, de plus en plus complexe… Cette situation est finalement tout à fait normale car il s'agit in fine *de permettre à toute personne de faire valoir ses droits lorsque ceux-ci sont menacés. L'omniprésence du droit est signe de bonne santé pour une démocratie. C'est dans les sociétés les plus autoritaires et les plus primaires que le droit est le plus simple, car c'est alors le droit du plus fort et le droit du pouvoir qui priment.*

Si vous aviez un conseil à donner à un étudiant ?
Premier conseil, qu'il soigne ses langues. Le droit européen et le droit international se développant de plus en plus, il est indispensable de savoir au moins parler l'anglais, ne serait-ce que pour travailler dans les instances européennes bruxelloises et strasbourgeoises.

Autre conseil, s'il va choisir son premier poste en fonction de son projet personnel, il ne devra pas rester enfermé dans une spécialité mais au contraire demeurer curieux et le plus ouvert possible pour ainsi saisir les opportunités qui se présenteront, tout en gardant l'impartialité et l'indépendance du magistrat.

4| AURÉLIE BUISSON, AVOCATE ASSOCIÉE AU SEIN DU CABINET ATEM

« Un produit trop copié est un produit avili. »

Aurélie Buisson, suite à ses études de droit, s'est spécialisée dans le monde du luxe et sur des problématiques bien spécifiques de défense de la propriété intellectuelle. Une niche importante sur laquelle travaillent aujourd'hui de nombreux professionnels.

Quelles études avez-vous suivies pour devenir avocate ?
J'ai tout d'abord obtenu une maîtrise en droit des affaires (M1) puis un DEA (M2) en propriété intellectuelle avant de me spécialiser dans le monde du luxe et intégrer Sup de Luxe, école spécialisée dans le secteur, pour mieux m'initier aux grandes spécificités de ce domaine et optimiser mes chances d'y débuter dans de bonnes conditions.

En quoi consiste cette défense de la propriété intellectuelle dans laquelle vous vous êtes engagée ?
Mon quotidien consiste à protéger la création devant les tribunaux en cas de contrefaçon ou de concurrence déloyale, lorsque l'on copie et/ou commercialise des produits et que l'on porte ainsi atteinte aux œuvres de mes clients. Le secteur du luxe représente l'énorme majorité de mon travail, essentiellement auprès des maisons de joaillerie-horlogerie et de maroquinerie.

Dans quelle mesure cette mission est-elle importante dans ce domaine ?
Cette mission est vitale. Qu'est-ce qui fait aujourd'hui la valeur d'une entreprise comme Chanel sinon la marque ? Dans ce secteur, les maisons les plus importantes sont celles dont la notoriété, construite à coup de campagnes médiatiques et de produits de qualité, est la plus forte. Il est donc indispensable pour ces entreprises de défendre cette réputation et leurs créations. Il me revient donc de défendre ce patri-

moine « incorporel » d'une contrefaçon que le luxe attire beaucoup. Parce qu'un produit trop copié, et donc avili, n'intéresse plus la clientèle. Un produit copié peut être aussi de très mauvaise qualité, ce qui, là encore, va détruire le prestige d'une marque.

En quoi consiste votre travail au quotidien ?

Une part de mon travail consiste à dénicher ou à recevoir des produits présentant trop de caractéristiques communes avec des produits de luxe avant de vérifier la contrefaçon, ce qui n'est pas toujours facile tant certains produits sont très bien copiés. Même mes clients peuvent passer beaucoup de temps sur certaines identifications... Une fois la contrefaçon avérée, j'ai carte blanche pour agir, prendre les mesures les plus urgentes, faire intervenir des huissiers sur les lieux de vente, vérifier l'origine des produits, ce que ces ventes ont déjà pu rapporter, etc. Bref, monter un dossier avant l'action en justice devant les tribunaux, et l'évaluation du préjudice.

ANNEXES

CHECK-LISTS

Check-list CV et lettre de motivation

Cette check-list est à utiliser avant l'envoi de votre CV et de votre lettre de motivation, en réponse à une annonce. Si vous obtenez un seul non, reportez l'envoi de votre CV et apportez les corrections nécessaires.

1. Savez-vous précisément pourquoi vous voulez postuler à cette annonce ?

❑ oui ❑ non

2. Votre CV a-t-il une accroche claire et adaptée au poste recherché ?

❑ oui ❑ non

3. La structure de votre CV est-elle claire ?

❑ oui ❑ non

4. Votre CV est-il personnalisé selon l'annonce à laquelle vous répondez ?

❑ oui ❑ non

5. Etes-vous certain qu'il ne reste aucune faute d'orthographe dans votre CV et votre lettre de motivation ?

❑ oui ❑ non

6. Etes-vous content de votre CV et de votre lettre ?

❑ oui ❑ non

7. Votre CV est-il accompagné d'une lettre de motivation ?

❑ oui ❑ non

8. Avez-vous vérifié l'orthographe exacte du nom de l'entreprise et de celui de votre interlocuteur ?

❏ oui ❏ non

9. Etes-vous certain de ne pas paraphraser votre CV dans votre lettre de motivation ?

❏ oui ❏ non

10. Avez-vous visité le site Internet de l'entreprise si vous avez connaissance de son nom ?

❏ oui ❏ non

11. Avez-vous pensé à remettre vos coordonnées complètes (y compris votre e-mail) sur votre lettre de motivation ?

❏ oui ❏ non

12. Votre CV tient-il sur une page (de préférence) ?

❏ oui ❏ non

Check-list avant entretien

Cette check-list est à utiliser avant un entretien. Si vous obtenez un seul non, entraînez-vous intensément pour obtenir 100 % de réponses positives.

1. Avez-vous pris le temps de préparer l'entretien ?

❑ oui ❑ non

2. Avez-vous collecté et analysé des informations sur l'entreprise ?

❑ oui ❑ non

3. Avez-vous appelé des connaissances, si vous en avez, qui connaissent cette entreprise ?

❑ oui ❑ non

4. Avez-vous compris le métier de l'entreprise ?

❑ oui ❑ non

5. Connaissez-vous la fonction exacte de votre contact ?

❑ oui ❑ non

6. Avez-vous préparé des réalisations probantes ?

❑ oui ❑ non

7. Avez-vous préparé des questions à poser ?

❑ oui ❑ non

8. Avez-vous évalué précisément le temps de trajet nécessaire pour vous rendre à votre rendez-vous ?

❑ oui ❑ non

9. Etes-vous prêt à donner une fourchette de salaire si on vous le demande ?

❏ oui ❏ non

10. Avez-vous pensé à prendre des CV avec vous ?

❏ oui ❏ non

Check-list pour la prise de poste dans une nouvelle entreprise

Si vous obtenez un seul non, c'est que vous n'êtes pas préparé à 100 %.

1. Avez-vous signé votre contrat ou une lettre d'engagement ?

❑ oui ❑ non

2. Avez-vous prévu d'arriver un peu à l'avance ?

❑ oui ❑ non

3. Avez-vous pensé à préparer tous les documents nécessaires pour constituer votre dossier administratif ?

❑ oui ❑ non

4. Avez-vous demandé auprès de qui vous devez vous présenter ?

❑ oui ❑ non

5. Avez-vous une vision claire de l'organigramme de l'entreprise ?

❑ oui ❑ non

6. Avez-vous bien en tête les noms de vos futurs responsables ?

❑ oui ❑ non

7. Avez-vous prévu de vous vêtir selon les codes de l'entreprise ?

❑ oui ❑ non

8. Vous êtes-vous renseigné sur les horaires et le fonctionnement de l'équipe ?

❑ oui ❑ non

CONTACTS UTILES

Quelques sites incontournables

• Les sites les plus connus de recherche d'emploi
www.recrulex.com/
www.portail-juridique.com/
cnb.avocat.fr
www.apec.fr
www.cadremploi.fr
www.cadresonline.com
www.keljob.com
www.monster.fr
www.regionsjob.com
www.directemploi.com
www.careerbuilder.fr
www.carriereonline.com
www.pmejob.fr
http://emploi.lesechos.fr
www.pole-emploi.fr

• Les réseaux sociaux professionnels les plus connus
fr.linkedin.com
www.viadeo.com/fr

Des sites liés au recrutement

• Les sites de travail temporaire ou à durée indéterminée
www.adecco.fr
www.manpower.fr
www.randstad.fr
www.kellyservices.fr

• Le site du Syntec, conseil en recrutement, constitue la principale structure représentative de la profession du recrutement :
www.syntec-recrutement.org

• Le site gratuit de l'annuaire des entreprises de la CCI :
www.aef.cci.fr

• Le site annuaire des cabinets de recrutement et chasseurs de têtes classés par région et par spécialité :
www.cabinet-recrutement.org

• Les sites des associations d'anciens d'élèves d'écoles ou d'universités et des milliers d'entreprises qui recherchent directement des candidats sur leur site (rubrique « Recrutements »).

Quelques adresses complémentaires

• Site du ministère de la Justice : www.justice.gouv.fr/

• Site métiers du ministère de la Justice : www.metiers.justice.gouv.fr

• Site référence pour les professionnels du droit :
www.village-justice.org

• Site des notaires de France : www.notaires.fr

• Site de la Chambre nationale des huissiers de justice :
www.huissier-justice.org

• Site de l'Association française des juristes d'entreprise : www.afje.org

Quelques écoles professionnelles

- Ecole nationale d'administration pénitentiaire : www.enap.justice.fr

- Ecole nationale de la protection judiciaire de la jeunesse : www.justice.gouv.fr puis Justice des mineurs.

- Ecole nationale des greffes : www.eng.justice.fr

- Institut des métiers du notariat (site de l'IMN de Lyon) : www.ecole-notariat.net

- Ecole nationale supérieure de la police : www.ensp.interieur.gouv.fr

- Ecole française du barreau : www.efb.fr

- Ecole nationale de la magistrature : www.enm.justice.fr/

- Ecole nationale des procédures : www.enpepp.org

- Université Panthéon-Assas : www.u-paris2.fr

- Site du DJCE (Diplôme de juriste conseil d'entreprise) : www.djce.fr

Faire de la banque son métier
Faire de la comptabilité son métier
Faire de la paie son métier
Faire du sourire son métier (Prothésiste dentaire)
Faire du droit son métier
Faire du journalisme son métier
Faire du luxe son métier
Faire du luxe son métier
Faire du sport son métier
Faire du Web son métier

NOTES

NOTES

Collection Métiers
Studyrama

Déjà parus :

- Faire de la banque son métier
- Faire de la comptabilité son métier
- Faire de la paie son métier
- Faire du sourire son métier (Prothésiste dentaire)
- Faire du droit son métier
- Faire du journalisme son métier
- Faire du luxe son métier
- Faire du sport son métier
- Faire du Web son métier

34/38, rue Camille-Pelletan - 92309 Levallois-Perret cedex
Imprimerie CPI Firmin-Didot - 27650 Mesnil-sur-l'Estrée
Imprimé en France - 2e trimestre 2017 (141391)

Service éditorial : Marjorie Champetier, Benjamin Dias Pereira, Deborah Lopez, Elodie Sebbah
Conception graphique : Studyrama

Dépôt légal à parution
ISBN 978-2-7590-3496-3